dtv

In seinem Bestseller ›Mordkommission‹ drehte sich alles um Mord und Totschlag, hier stehen die Arbeit der Kriminalpolizei und ihre Ermittlungsmethoden im Mittelpunkt. Richard Thiess spezialisiert sich zunächst auf Jugend- und Bandenkriminalität, er bringt u.a. die Münchner Marienplatzrapper zur Strecke, die größte Jugendbande, die bis dato in Deutschland ihr Unwesen trieb und sich sogar »Sklaven« hielt. Wir begegnen raffinierten Serien- wie Einzeltätern, aber auch grenzenlos naiven Zeitgenossen, die einen Diebstahl geradezu provozieren, und unerschrockenen »Miss Marples«. Es geht um Raffgier, Heimtücke, Unverfrorenheit, Betrug und Erpressung, Dreistigkeit, Gerissenheit und die Spielarten krimineller Energien. Doch der Alltag eines Kriminalers ist auch immer wieder für eine Überraschung gut, und so weiß Richard Thiess mit hintergründigem Humor auch von so manch kurioser Begebenheit zu erzählen.

Richard Thiess, geboren 1952, arbeitete als Kaufhausdetektiv, bevor er sich bei der Polizei bewarb und ein Studium für den gehobenen Kriminaldienst absolvierte. Vor seinem Wechsel in die Mordkommission 2001 war er zuletzt für Eigentumsdelikte zuständig. Als Erster Kriminalhauptkommissar leitet er die Mordkommission V im Münchner Präsidium und ist stellvertretender Leiter des Mordkommissariats. Daneben gibt er Fernlehrgänge zur Detektivausbildung.

RICHARD THIESS

HALT, STEHENBLEIBEN! POLIZEI!

AUS DEM LEBEN EINES ERMITTLERS

DEUTSCHER TASCHENBUCH VERLAG

Von Richard Thiess ist im
Deutschen Taschenbuch Verlag außerdem erschienen:

Mordkommission. Wenn das Grauen zum Alltag wird
(dtv premium 24796)

**Ausführliche Informationen über
unsere Autoren und Bücher
finden Sie auf unserer Website
www.dtv.de**

FSC
www.fsc.org
MIX
Papier aus verantwortungsvollen Quellen
FSC® C019821

Originalausgabe 2011

Umschlagkonzept: Balk & Brumshagen
Umschlaggestaltung: Lisa Helm unter
Verwendung eines Fotos von plainpicture/Krista Keltanen
Satz: Greiner & Reichel, Köln
Druck und Bindung: Druckerei C.H. Beck, Nördlingen
Gedruckt auf säurefreiem, chlorfrei gebleichtem Papier
Printed in Germany · ISBN 978-3-423-34676-4

INHALT

Vorwort

Im Polizeidienst begegnet man im Laufe eines langen Berufslebens den unterschiedlichsten Personen und Persönlichkeiten. Warum die Polizei gerufen wird, hat mannigfaltige Gründe, das reicht vom streunenden Hund auf einer vielbefahrenen Hauptstraße, der vermissten demenzkranken Altersheimbewohnerin oder einem auf dem Schulweg verletzten Erstklässler über Schwarzfahrer, gewaltbereite Demonstranten, diebische Kaufhausdetektive, Verstöße gegen die Lebensmittelhygiene, technisch mangelhafte Gefahrguttransporter und Großbrände bis hin zu Raub, Mord und Totschlag. Auch bei Naturkatastrophen und großen Unglücksfällen bemühen sich Polizeibeamte an vorderster Front um die Rettung von Menschenleben oder Sachwerten, und dies nicht selten unter Einsatz des eigenen Lebens. An 365 Tagen im Jahr engagieren sie sich rund um die Uhr für die Aufrechterhaltung der öffentlichen Ordnung und die Sicherheit jedes einzelnen Bürgers, mutig und besonnen zugleich. Daraus resultiert eine unglaubliche Vielfalt an Erlebtem und an Erfahrungswissen (schließlich hat so gut wie jeder im Laufe seines Lebens mal mit der Polizei zu tun), die kein anderer Beruf – wirklich keiner – in diesem Umfang und dieser Gemengelage aufzuweisen hat.

Diese Vielfalt und die außergewöhnlichen Erlebnisse haben mich veranlasst, Ihnen, verehrte Leserin, verehrter Leser, zu erzählen, wie es hinter den Kulissen zugeht; einen Einblick in Dinge zu geben, die Außenstehenden sonst weitgehend verborgen bleiben. Sie aber auch mit den Besonderheiten eines Berufes vertraut zu machen, der wie kaum ein anderer von den menschlichen Stärken, aber auch von ihren Unzulänglichkeiten beeinflusst ist.

In einem ersten Schritt habe ich dieses Vorhaben bereits

in meinem Buch ›Mordkommission – wenn das Grauen zum Alltag wird‹ umgesetzt. ›Mordkommission‹ befasst sich mit einem sehr speziellen Bereich polizeilicher Ermittlungsarbeit sowie den außergewöhnlichen psychischen Belastungen. Bei Mord und Totschlag, Geiselnahme und Entführung handelt es sich um Straftaten, die besonderes öffentliches Interesse hervorrufen, die aber dennoch nur einen kleinen Teil der polizeilichen Arbeit repräsentieren.

Nicht weniger interessant, wenngleich meist weniger medienwirksam, sind jedoch auch die unzähligen Begebenheiten außerhalb dieser »Königsdisziplin« polizeilicher Ermittlungen, nämlich der tägliche Kampf gegen das »Böse« in all seinen Spielarten. Aber auch Merkwürdiges und Verblüffendes prägen den Alltag von Polizisten in besonderer Weise. So habe ich schon bald nach dem Beginn meiner Arbeit bei der Polizei begonnen, erstaunliche oder auch einfach lustige Episoden zu sammeln. Allesamt natürlich wahre Begebenheiten, die ich nur so weit abgeändert oder verkürzt dargestellt habe, als dies aus Gründen der Geheimhaltung oder des Datenschutzes erforderlich war.

Aus meinen zahlreichen Ermittlungen und einem Erfahrungsschatz von mehr als dreitausend eigenen Festnahmen und der Bearbeitung bzw. der Mitwirkung bei rund fünfzigtausend Strafanzeigen, den ich bereits vor meinem Wechsel zur Mordkommission im Jahr 2001 sammeln durfte, habe ich eine Auswahl von vierzig besonderen Fällen zusammengestellt. Darunter sind auch kuriose Vorfälle, die in Form von Anekdoten zeigen, dass es nichts, aber auch gar nichts gibt, mit dem Polizisten im täglichen Dienst nicht konfrontiert würden.

›Halt, stehenbleiben! Polizei!‹ ist ganz bewusst nicht als weitere Folge von ›Mordkommission‹ konzipiert, sondern will in Abgrenzung, aber auch in Ergänzung dazu aufzeigen, dass auch außerhalb des blutigen Geschehens bei Mord und Totschlag die Arbeit der Polizei Ausdauer, taktisches Geschick und psychologisches Einfühlungsvermögen erfordert, um mit teils sehr hoher krimineller Energie verübte Straftaten zu klären und den Opfern zu ihrem Recht zu verhelfen.

Die geschilderten Ereignisse stammen aus der Zeit vor meinem Wechsel zur Mordkommission, also noch vor der Einführung des Euro. Da uns dieser aber längst geläufig ist, habe ich der besseren Lesbarkeit wegen die Schadenssummen überall dort, wo dies vertretbar erschien, in Euro angegeben.

Aller Anfang ist schwer

Im Herbst 1977 zog ich als sogenannter Altanwärter zum ersten Mal die Uniform der Bayerischen Polizei an. Ich hatte mich mit rund hundert anderen Dienstanfängern im ehemaligen Kloster Seeon im Chiemgau, heute einem Bildungszentrum, eingefunden, um dort fernab von Hektik und Stress eine auf neun Monate stark verkürzte Ausbildung für den mittleren Polizeidienst zu erhalten. Zu dieser Zeit konnte ich bereits auf mehr als zweitausend Festnahmen zurückblicken, an denen ich in den vergangenen vier Jahren als Zivilfahnder der Feldjäger bei der Bundeswehr und vor allem als Kaufhausdetektiv beteiligt gewesen war. Nun war ich gespannt auf die Abläufe bei der Polizei: Was geschieht etwa, nachdem der Detektiv einen Ladendieb übergeben hat? Aber es galt auch tausend andere Dinge zu lernen, um bereits bei unseren ersten Einsätzen auf alle Eventualitäten vorbereitet zu sein. Das zumindest war das zweifellos hehre Ziel unserer Ausbilder und sie überboten sich förmlich darin, uns zu versichern, welches Glück wir doch hatten, sie als Ausbilder bekommen zu haben. Eingedenk meiner bisherigen Erfahrungen im Umgang mit bösen Buben und beflügelt durch die bevorstehende Intensivausbildung durch Deutschlands erfahrenste Beamte sah ich meiner künftigen Tätigkeit im Kampf gegen das Verbrechen mit größter Gelassenheit entgegen. Was sollte es da im späteren polizeilichen Alltag schon Aufregendes geben, auf das ich nicht bestens vorbereitet sein würde? Die Monate vergingen, und bereits nach kurzer Zeit war ich in der Lage, selbstständig drei Klimmzüge zu machen, und auch die Anwendung des Marschbefehls »Links schwenkt – marsch!« auf dem Weg zur Kantine, den ich mir bereits als Offizier bei der Bundeswehr zu eigen gemacht hatte, bereitete mir keine Schwierigkeiten. Bald schon war ich bewandert darin, fotografisch festzuhalten, wie Kollegen auf dem Klostergelände eine Unfallstelle durch Aufstellen eines Warndreiecks professionell sicherten. Beeindruckend fand ich auch das Werfen von Handgranaten auf demselben Übungsplatz, auf dem ich bereits während meiner Bundeswehrzeit Handgranaten zum Explodieren gebracht hatte. Lediglich hinsichtlich der Frage, ob denn Handgranaten künftig zur Standardausstattung im Streifendienst erhoben werden sollten, herrschte eine gewisse Unsicherheit bei meinen Kollegen und mir.

Auch die umfassende theoretische Ausbildung kam nicht zu kurz. So erlernten wir beispielsweise, welche Stellen – im Besonderen, welche Öffnungen – am menschlichen Straftäterkörper geeignet sind, gefährliche Gegenstände oder Beweismittel zu verbergen. Weiterhin übten wir die Handhabung von Kompass, Stadtplänen und Landkarten und erlernten den Umgang mit Telefonbüchern. Schreibmaschineschreiben und Fahrschulausbildung rundeten die Vorbereitung auf die zukünftigen Einsätze ab. Ach ja, natürlich hatten wir auch praktische Polizeiausbildung, genannt »Polizeidienstkunde«. Von echten Praktikern für zukünftige Praktiker. Zu meiner Schande muss ich gestehen, dass ich mir nie merken konnte, ob die Seite, an der Grabsteine bemoost sind und Ameisenhaufen ihren Eingang haben, nach Norden, Osten oder vielleicht doch nach Westen zeigt. Heute, knapp vierzig Jahre später, kann ich jedoch feststellen, dass mir diese Unsicherheit beruflich nicht wirklich geschadet hat!

Sicher ist sicher – mein erster Arbeitstag

Neun Monate später hatten wir es endlich geschafft. Die Grundausbildung war überstanden, nunmehr trennte uns nur noch der sechsmonatige Anstellungslehrgang für den mittleren Polizeivollzugsdienst davon, unser geballtes Wissen in der Praxis anwenden zu dürfen. Wiederum waren es außerordentlich erfahrene Fachlehrer, die uns die rechtlichen Finessen nahebrachten, die man nun mal braucht, will man später den Spitzfindigkeiten eines Konfliktverteidigers unbeschadet Paroli bieten können. Die Zeit verstrich, die Anstellungsprüfung war dank unserer soliden Ausbildung für die meisten von uns lediglich eine Formsache und dann wurde es endlich ernst: Der polizeiliche Einzeldienst harrte unser!

Im Zuständigkeitsbereich des Polizeipräsidiums München allerdings begann die große Freiheit mit einem kleinen dienstlichen Umweg, genannt Einsatzhundertschaft. Dabei handelt es sich um eine sogenannte geschlossene Polizeieinheit. Dieser Polizeiverband rückt jeweils in Zugstärke aus, die im Idealfall dreißig Beamte umfasst. Voran der Zugführer, die folgenden VW-Busse sind jeweils mit sechs Mann besetzt, weshalb der Volksmund diese süffisant »Sixpacks« nennt. Der Aufgabenbereich der Einsatzhundertschaften reicht vom gemeinsamen Vorgehen im geschlossenen Verband, etwa bei der Suche nach vermissten Personen oder bei Demonstrationen bis hin zu den ersten eigenverantwortlichen Handlungen eines uniformierten Beamten, der so behutsam an den gefahrenträchtigen polizeilichen Großstadtalltag herangeführt wird.

Unser Gruppenführer entpuppte sich zu unserer großen Freude als der Behutsamste von allen: Er beorderte uns zunächst bei einer sechsstündigen »Verkehrsstreife« in eine kleine Münchner Altstadtstraße. Die schmale Gasse mit einer geschätzten Länge von siebzig Metern wies immerhin eine Besonderheit auf: Sie verfügte nämlich über Parkuhren (den älteren unter den Lesern vielleicht noch ein Begriff). Diese galt es, während der kommenden sechs Stunden pausenlos zu überwachen, auf dass ja niemand die maximale Parkzeit überschreiten würde. Erst viel später erkannte ich, wie genial die Wahl dieses Einsatzorts war. Einerseits nämlich konnte unser Gruppenführer seine »Krummfinger«, wie Dienstanfänger liebevoll bezeichnet werden, von beiden Straßenenden her jeweils mit einem einzigen Blick kontrollieren und andererseits konnte sich keiner seiner Beamten, von denen ich als einziger Münchner über Ortskenntnisse verfügte, versehentlich verlaufen. Auch bestand so gut wie keine Gefahr, plötzlich in die Verlegenheit zu geraten, polizeilich tätig werden zu müssen!

Ein Problem allerdings kristallisierte sich schon während der ersten Stunde in unserem Kampf gegen das Großstadtverbrechen heraus: Auf sechs Beamte kamen leider nur fünf Parkuhren. Zunächst war guter Rat teuer, aber schon bald entwickelte sich eine Art Gesellschaftsspiel daraus, in enger Anlehnung an die bekannte »Reise nach Jerusalem«. Wer schwätzte oder anderweitig abgelenkt war (beispielsweise durch die interessierten Fragen von Anwohnern, was denn passiert sei), der verlor die Hoheit über »seine« Parkuhr und musste versuchen, eine andere unter seine Überwachungsfittiche zu bekommen. Dank unserer gediegenen Ausbildung gelang es uns zur Freude unseres Gruppenführers tatsächlich, während unseres Einsatzes Falschparkverbrechen zu verhindern. Die Findigen unter uns nutzten die Zeit, die wir im strömenden Regen standen, dazu, die nagelneuen Dienstmützen ihrer Kopfform anzupassen, was durch die Nässe enorm begünstigt wurde.

Selbstverständlich hatte dieser erste Einsatz keinerlei Einfluss auf meinen Entschluss, so bald wie möglich die Uniform gegen eine Kriminaldienstmarke auszuwechseln. Nach einem halben Jahr durfte ich den VW-Bus der Einsatzhundertschaft gegen einen BMW-Streifenwagen eintauschen und fortan als »Isar 02…« in einem Innenstadtrevier Sicherheit verbreiten. Hätte ich zu jener Zeit allerdings schon über den Erfahrungsschatz verfügt, den ich bis heute in vielen Tausend Einsätzen und Ermittlungsverfahren sammeln konnte, hätte ich wohl dafür plädiert, die Ausbildungsschwerpunkte »Klimmzüge« und »Telefonbuch« nochmals zu überdenken.

Habgier

Bereits einige Wochen nach meinem Wechsel zum Streifendienst durfte ich mit einem älteren, erfahrenen Kollegen auf Zivilstreife gehen. Es war ein ruhiger Spätsommernachmittag und wir waren schon seit mehreren Stunden unterwegs, ohne dass sich etwas Interessantes ereignet hatte. In der Nähe eines Friedhofes stellten wir unseren zivilen Streifenwagen ab und spazierten zu Fuß ein Stück an der Friedhofsmauer entlang. Eben bogen wir um eine Ecke der Einfriedung, als wir zwei junge Burschen bemerkten, die etwa fünfzig Meter weiter mit einer Beißzange an zwei Fahrradschlössern hantierten. Gerade hatten sie es geschafft, die Schlösser zu knacken, und die beiden schwangen sich behände in die Sättel. Natürlich hatten uns die Burschen bemerkt und schickten sich nun an, in der uns entgegengesetzten Richtung davonzuradeln. Wir waren unterdessen weitergegangen, ohne uns etwas anmerken zu lassen oder die Geschwindigkeit zu verändern.

Ich dachte einen Moment daran loszurennen, wenngleich ich sicher war, dass ich es nicht schaffen würde, sie einzuholen. Der Abstand vergrößerte sich zusehends. Doch während ich noch fieberhaft überlegte, wie den Dieben beizukommen wäre, griff der Kollege neben mir gedankenschnell in seine Gesäßtasche. Er zog seine Geldbörse heraus und schleuderte sie schwungvoll nach vorne. Die Geldbörse schlitterte flach über das Gehwegpflaster und blieb just in jenem Bereich liegen, wo eben noch die beiden Fahrraddiebe die Schlösser geknackt hatten. Gleichzeitig fing mein Kollege an zu schreien: »He, ihr habt euren Geldbeutel verloren!« Wie an Schnüren gezogen, ruckten die Köpfe der beiden zu uns herum, um dem ausgestreckten Zeigefinger des Kollegen zu folgen und schließlich an dem unschuldig in der Sonne liegenden Geldbeutel hängenzubleiben. Dann blickten sie sich kurz an und hatten offensichtlich denselben Gedanken: Warum sich mit zwei Fahrrädern zufriedengeben, wenn durch eine wundersame Fügung des Schicksals eine fette Geldbörse als Zugabe winkte?

Ich traute meinen Augen nicht, als die beiden tatsächlich abbremsten und in einem eleganten Bogen umkehrten. Fast gleichzeitig erreichten wir den Geldbeutel. Die Freude der beiden Fahrraddiebe an ihrer Beute war dann doch eher verhalten, als sie im Innenfach des Geldbeutels, den ihnen der Kollege freundlich lächelnd entgegenhielt, den gezackten Stern bewundern konnten. »Ihr seid's varrekte Hund« (Ihr seid ganz schön gerissen) war der einzige Kommentar, den einer der beiden im besten Bayerisch zwischen den zusammengepressten Zähnen hervorstieß, ehe die Handschellen klickten. Dieses Kompliment aber ging meinem Kollegen runter wie Öl.

Tadel für den KGB

Kurz nach Mitternacht. Die Hälfte unserer Nachtschicht war vorüber. Kalter Rauch stand in der Wachstube und mischte sich mit dem Geruch von Bohnerwachs, staubigen Aktendeckeln und den Resten einer Fertigpizza. Wir hatten zu zweit »Null-Sechser-Wache« und nützten die Zeit, Anzeigen fertigzustellen, die wir vor Mitternacht während des Streifendienstes aufgenommen hatten. Da klingelte es an der Eingangstür. Im Türmonitor war eine schwarzgekleidete, gebeugte Gestalt zu erkennen. »Kundschaft!«, verkündete der Kollege, als er sich erhob und zum Türöffner ging. Langsam öffnete sich die Eingangstür, und eine alte, müde Frau näherte sich mühsam der Theke in der Wachstube.

Sie sah bemitleidenswert aus: ihre dünnen weißen Haare hingen strähnig in die faltige Stirn, die Augen lagen tief in dunklen Höhlen und die Hände zitterten. Ich schätzte sie auf weit über achtzig Jahre. Der Kollege eilte um die Theke herum, nahm die alte Dame am Arm und führte sie zu unserem bequemsten Stuhl. Erschöpft sank sie in die Polster und atmete mühsam. »Um Gottes willen, was ist denn passiert?«, erkundigte ich mich mitfühlend. »Brauchen Sie einen Arzt?« Die alte Dame winkte ab. Dann begann sie, mit leiser, piepsiger Stimme von ihrem Leid zu erzählen. Vor etlichen Tagen hatte sie abends eine Fernsehsendung über die Gefahren des Kalten Krieges und die Schrecken von Atomraketen gesehen. Alles hatte sie wohl nicht verstanden, in Erinnerung waren ihr russische Atomraketen geblieben, die auf Deutschland gerichtet waren und gefährliche Strahlen aussendeten.

In ihrer Angst fiel ihr ein, dass ihr im letzten Weltkrieg immer wieder eingetrichtert worden war, sich im Falle eines Bombenangriffs unter einen Türstock zu stellen, da es dort am sichersten sei. Irgendwie war danach im Kopf der alten Frau alles durcheinandergeraten. Bomben, Strahlen, Russen, Türstöcke – so hatte sie in ihrer Angst und Not den Fernseher ausgeschaltet und beschlossen, unter dem Türstock des Wohnzimmers das Ende des wohl unmittelbar bevorstehenden Angriffes abzuwarten. Die Stunden vergingen, schließlich wagte sie es, den schweren Fernsehstuhl mühsam unter den Türstock zu schieben. Bald schon hatte sie jedes Gefühl für Zeit und Ort verloren. Ihren Platz verließ sie nur kurz, um die Toilette aufzusuchen oder aus der Küche eine Kleinigkeit zum Essen zu holen. Mehrere Tage hatte sie in ihrer Verwirrtheit so ausgehalten, bis ihr schließlich die Lebensmittel ausgingen. Und so hatte sie – zum Glück – all ihren Mut zusammengenommen und sich um Mitternacht auf den Weg zur Polizei gemacht.

Mein Kollege und ich blickten uns an – die Lösung lag klar auf der Hand, wenngleich sie in keinem Ausbildungshandbuch stand und in keiner Polizeischule unterrichtet wurde: Wir mussten auf der Stelle in Moskau anrufen und dafür sorgen, dass die Wohnung der alten Frau aus dem Fadenkreuz der Atomraketen genommen wurde! Während die erschöpfte Frau ein Glas Wasser trank, machten wir uns an die Arbeit. Zunächst stellten wir das Akku-Ladegerät unserer Handfunkgeräte auf die Theke. Erwartungsgemäß zeigte das Atomstrahlen-Peilgerät durch das Aufleuchten einer roten Kontrolllampe an, dass Atomwaffen auf die Innenstadt gerichtet waren. Danach folgte Teil zwei unseres Planes, der naturgemäß wesentlich heikler war: Ich schnappte mir nämlich das Telefon und wählte die Nummer des russischen Präsidenten.

Die Nummer war mir von etlichen Anrufen geläufig; sie lautete 2–4. Ich bat den Präsidenten höflich um Entschuldigung, ihn zu dieser späten Stunde noch zu stören. Meine Beteuerung, dass es sich um etwas sehr Wichtiges handelte, besänftigte ihn jedoch sogleich. Dann erkundigte ich mich, wie er dazu käme, seine Atomraketen auf das Haus einer alten Frau zu richten. Laut und deutlich wiederholte ich alle seine Antworten. Der Präsident versicherte, dies sei ein sehr bedauerlicher Irrtum, der seinem Geheimdienst KGB unterlaufen sei. In Wirklichkeit sollten die Raketen auf das Bermuda-Dreieck gerichtet werden, da man sich dort durch Außerirdische bedroht fühle, durch eine falsche Computereingabe wurden sie jedoch versehentlich nach München gedreht. Ich verlangte, den KGB sofort in den Ruhestand zu schicken, was mir mein Gesprächspartner bereitwillig zusagte.

Immer wieder beteuerte der Präsident, dass es unter gar keinen Umständen in den nächsten hundert Jahren zu einem Krieg kommen könnte. Dann versprach er, unverzüglich anzuordnen, die auf München gerichteten Raketen zu vernichten. Sobald die Gefahr vorüber sei, werde er mich umgehend informieren. Leider hatte mein Kollege, der kurz etwas nebenan hatte erledigen müssen, von meinem Gespräch mit dem russischen Präsidenten nichts mitbekommen, weshalb ich ihm ausführlich erklärte, was ich mit dem russischen Staatschef vereinbart hatte. Erleichtert hörte die alte Dame zu.

Wir nutzten die Zeit, der Frau einen Tee und eine Wurstsemmel zu servieren. Tatsächlich rief kurz darauf der russische Präsident zurück und erklärte, dass alles geregelt sei. Er bat mich, der alten Damen sein Bedauern über die Panne auszudrücken. Nun, Vertrauen ist gut, aber Kontrolle ist besser. Und so holte ich das Strahlenpeilgerät nochmals hervor, doch das Lämpchen des äußerst empfindlichen Gerätes leuchtete nicht mehr auf.

Dankbar und glücklich lächelte die alte Dame uns zu, als sie die Kollegen des verständigten Funkwagens abholten, um sie nach Hause zu bringen. Dort überprüften die Kollegen mit dem Peilgerät, das sie vorsorglich mitgenommen hatten, auch die Wohnung auf Strahlung. Es war alles in Ordnung. Erschöpft, aber sichtlich erleichtert und zufrieden schickte sich die alte Dame an, in ihr Bett zu gehen, dem sie aus Angst so lange ferngeblieben war. Noch am nächsten Morgen informierten wir den zuständigen Sozialdienst und baten, unser »Strahlenopfer« künftig ein wenig zu umsorgen. Wir aber freuten uns, dass wir dank unserer ausgezeichneten Beziehungen zur hohen Politik unter Umgehung des Dienstweges so rasch und unbürokratisch hatten helfen können.

Eine »folgenlose« Trunkenheitsfahrt

Die Zeiger der Uhr rückten im matten Grün der Armaturenbeleuchtung unseres alten Audis auf drei Uhr. Wieder einmal fuhren wir Zivilstreife in der Münchner Innenstadt. In immer länger werdenden Abständen gab die Zentrale ihre Einsätze durch: »Der nächste Wagen zur Nordendstraße – eine verparkte Einfahrt«; »Wer kann zum Sendlinger Tor fahren, Taxi mit Zahlungsschwierigkeiten«; »In der Ingolstädter Straße haben wir eine Ruhestörung!« Gustl, mein Streifenpartner, gähnte laut und ausgiebig. »Ist ja eine richtig aufregende Nacht«, brummte er, während er die Rücksitzlehne flacher stellte. Zum x-ten Male näherten wir uns in dieser Nacht dem Stachus, vormals der verkehrsreichste Platz Europas. Jetzt wirkte er wie ausgestorben. Die Ampel schaltete auf Rot und ich hielt unseren zivilen, unansehnlichen Dienstwagen an. Dabei beobachtete ich im Rückspiegel ein Fahrzeug, das aus einer Seitenstraße in unsere Straße einbog. Kurz darauf rollte der Wagen, ein vermutlich ehemals weißer Fiat, in dem vier junge Männer saßen, neben uns aus. Der Auspuff dröhnte und spuckte schwarze Wolken aus, während der Fahrer das Fenster herunterkurbelte und zu uns herüberblickte. Er wollte offensichtlich nach dem Weg fragen.

»Bevor du ganz einpennst, darfst du eine Runde Freund und Helfer spielen«, erklärte ich meinem Beifahrer, während ich mit dem Kopf in die Richtung des vermeintlich Ortsunkundigen nickte. Gustl kurbelte die Seitenscheibe herunter und blickte fragend zu dem jungen Burschen am Steuer hinüber. Der lachte freundlich und erkundigte sich dann im Plauderton: »Mogst a Watschn, du Depp?« Eine Sekunde lang ließ ich den Satz in mir nachhallen. Dann blickte ich etwas verwirrt zu meinem Kollegen, der im selben Augenblick den Kopf zu mir drehte. Seinem Gesichtsausdruck nach hatte er dasselbe verstanden wie ich. Ich zuckte mit den Schultern, was unter uns so viel bedeutete wie, entscheide du, das ist dein Fall. Mein Kollege entspannte sich sichtlich. Lächelnd wandte er sich dem wartenden jungen Mann zu. »Einverstanden! Lass uns um die Ecke fahren, dann reden wir weiter.« Es wurde grün, und wir bogen ab. Eine Parkbucht wurde als Stätte der Begegnung bestimmt. Wir hielten und stiegen aus. Fast gleichzeitig flogen die vier Türen des Fiats auf und die Männer – von dem vermeintlich bevorstehenden Event beflügelt – kletterten aus ihrem Fahrzeug. Hüftschwingend und breitbeinig, mit federnden Schritten, kamen sie lässig auf uns zu. Dem Aussehen nach – und es bestätigte sich kurz darauf – handelte es sich um vier Italiener im Alter von circa zwanzig Jahren. Allerdings ließ der akzentfreie bayerische Dialekt des Wortführers unschwer erkennen, dass es sich bei ihm wohl um einen »waschechten« Münchner handelte.

Ich glaubte, ein kurzes, unsicheres Aufflackern in den Augen des jungen Mannes zu erkennen, als er Gelegenheit hatte, von meinen hundertneunzig Zentimetern Einsatzlänge und meinen damals zweihundertsechzig Pfund Kampfgewicht Notiz zu nehmen. Ich wollte ihn daher nicht in Verlegenheit bringen und gönnte der Gruppe, die sich bis auf zwei Meter genähert hatte, einen ausgiebigen Blick auf meinen Dienstausweis. »Ich fürchte, das mit der Watschen müssen wir verschieben, meine Herren, denn ich glaube, das Ding, aus dem Sie ausgestiegen sind, schreit heftig nach einer Verkehrskontrolle. Darf ich dann mal um die Pässe, den Fahrzeugschein und den Führerschein bitten?« Diese Wendung der Dinge schien ihrem Herzenswunsch zu entsprechen, denn sie überboten sich förmlich darin, die Papiere zu überreichen.

»Hey, Mann, Sie glauben doch nicht etwa, dass das mit

der Watschen ernst gemeint war?« Jetzt musste ich ihn leider enttäuschen. Er merkte es, als er im Zucken der gelben Blinklichter des Abschleppwagens den Fiat entschwinden sah. Das Blinklicht brach sich in den Scheiben und dem Lack eines vorbeifahrenden Autos. Ich fand, dass es irgendwie schön aussah. Der Rest spielte sich dann in den Räumen des Reviers ab und ist schnell erzählt: Fahrer: betrunken; Versicherung und TÜV: abgelaufen; Fahrzeugboden: faustgroße Rostlöcher; Bremsleitungen: undicht; Reifen: abgefahren; Auspuff: abgerissen; Stoßdämpfer: unwirksam. Kleinigkeiten wie eine defekte Hupe und drei durchgebrannte Glühbirnen fielen da schon nicht mehr besonders ins Gewicht: wegen erheblicher Mängel war die Zulassung kraft Gesetz erloschen. Die Anzeige wegen Fahrens ohne Zulassung und eines Vergehens nach dem Pflichtversicherungsgesetz ließ sich der streitsüchtige Fahrzeuglenker ja noch eingehen. Auch die Blutentnahme und die Sicherstellung des Führerscheins nahm er ohne Widerspruch hin. Aber mit der Anzeige wegen eines Vergehens der »folgenlosen Trunkenheitsfahrt« hatte er sichtlich Probleme.

»Auto weg – Führerschein weg – Anzeige – Geldstrafe – und da sagen Sie *folgenlos*? Das verstehe ich nicht!«, beschwerte er sich missmutig. Ich musste innerlich schmunzeln, als ich ihm beipflichtete, dass die gesetzliche Formulierung tatsächlich ein wenig irreführend klingt. Und trotzdem fand ich in diesem Moment irgendwie Gefallen an ihr – ich weiß auch nicht, warum!

Hundert für dich, hundert für mich …

Es gibt im Leben jedes Menschen immer wieder Höhen und Tiefen. Und es ist eine Binsenweisheit, dass derjenige, der hoch steigt, auch tief fallen kann. Der Sturz jedoch, den zwei Einbrecher in den Morgenstunden eines kalten Januartages erlebten, war von einer ganz besonderen Art. Fast hätten einem die beiden leidtun können, als sie mit hängenden Köpfen von zwei grinsenden Polizeibeamten in die Räume des Kriminaldauerdienstes geführt wurden, wo ich als frisch gebackener Kriminalbeamter Dienst verrichtete. Doch immer schön der Reihe nach.

Zunächst sah alles danach aus, als habe Fortuna beschlossen, sich bedingungslos in den Dienst des Bösen zu stellen. Knut und Ede, so wollen wir die tragikomischen Hauptdarsteller in Anlehnung an eine Komikserie nennen, in der die Ganoven nicht durch Intelligenz aufgefallen sind, hatten ein bestimmtes Ziel vor Augen, als sie gegen zwei Uhr morgens in dieser kalten Nacht die Stadt in Richtung Süden verließen.

Ein Vögelchen aus der Unterwelt hatte ihnen nämlich ein paar Tage zuvor ein kleines Liedchen ins Ohr gepfiffen, und die Melodie war offenkundig so recht nach ihrem Geschmack gewesen. Bald erreichten sie einen kleinen Vorort von München, der um diese Zeit in tiefem Schlaf lag. In einer kleinen Straße am Ortsrand waren Knut und Ede am Ziel. Behände und völlig geräuschlos nahmen sie verschiedene Gerätschaften aus dem Kofferraum ihrer Limousine, ehe sie sich zwischen den Büschen eines kleinen Spielplatzes durchzwängten. Gleich darauf lag die Straße wieder völlig ruhig da. Nichts deutete darauf hin, dass kaum hundert Meter weiter gerade die Scheibe eines Kellerfensters herausgeschnitten wurde und dass kurz darauf Ede vor

Aufregung fast laut aufgeschrien hätte, als er im Schein einer Taschenlampe sah, welch fette Beute da auf sie wartete. Mit zitternden Fingern rafften sie alles an sich, stopften zwei Taschen voll, packten ihr Einbruchswerkzeug zusammen und verließen gleich darauf die Villa wieder, die sie so reichlich »beschenkt« hatte. Niemand wurde Zeuge, als sie ihr Auto beluden und – immer noch fassungslos – in Richtung München losfuhren. Nichts, aber auch gar nichts blieb von den beiden Profieinbrechern am Tatort zurück, was es ermöglicht hätte, jemals auf Knut und Ede zu kommen. Es schien einer der Einbrüche zu sein, die niemals geklärt werden können.

Außer – ja, außer es würde sich ein Kollege der Sache annehmen, der schon mehr Fälle geklärt hat, als ein normaler Polizist in seinem Leben bearbeiten kann. Und ebendieser Kollege war just in dieser Nacht gleichfalls im Süden der Millionenstadt unterwegs. Sie alle kennen ihn oder haben zumindest schon einmal von ihm gehört: Es war der Kommissar Zufall, der gegen drei Uhr in Gestalt von zwei Verkehrspolizisten Streife fuhr. Die Nacht war eintönig, kalt und unfreundlich, und die beiden Beamten sehnten den Morgen herbei, eine warme Tasse Kaffee und ihr Bett. Doch vor den Lohn hat, wie man weiß, der liebe Gott die Arbeit gestellt. Und so kam es, dass die beiden Polizisten nicht einfach vorbeifuhren, als sie in einem kleinen Waldweg ein Fahrzeug stehen sahen, dessen Innenbeleuchtung brannte.

»Wie ein Liebespärchen sieht das nicht aus«, murmelte Hans nachdenklich, »komm, lass uns mal nachschauen, was los ist!« Sanft bremste er den Streifenwagen außerhalb der Sichtweite des verdächtigen Fahrzeuges ab. Die Beamten überprüften ihre Waffen, ehe sie sich vorsichtig dem Wagen näherten. Die zwei Insassen bemerkten nicht, dass zwei wachsame Augenpaare gebannt durch die Heckscheibe des Fahrzeuges auf das starrten, was im Fahrzeuginneren geschah: Dort nämlich waren Knut und Ede dabei, ihre Beute zu teilen. Sie hatten in ihrem Hochgefühl und zugleich vor lauter Ungeduld nicht mehr warten wollen, bis sie zu Hause und in Sicherheit waren. Deshalb hatten sie bei der erstbesten Möglichkeit angehalten und nicht weiter darauf geachtet, weit genug in den Wald hineinzufahren, um außer Sichtweite der Hauptstraße zu kommen. Genau genommen hatten sie für nichts mehr Gedanken, Augen oder Ohren als für das, was sie erbeutet hatten. Zwei große, prall mit Geldscheinen gefüllte Reisetaschen standen vor den Füßen der beiden. Und mit glückseligem Lächeln machten sie sich daran, brüderlich zu teilen: »Hundert für dich, hundert für mich, hundert für dich, hundert für mich ...« Ede nahm unentwegt Hundertmarkscheine aus einer der beiden Reisetaschen und verteilte sie Schein für Schein. Diese verschwanden in Plastiktüten, die die beiden auf ihren Schößen hielten.

Die Kollegen ahnten, dass das wohl nicht mit rechten Dingen zugehen konnte, und beschlossen, sich an dem regen Austausch zu beteiligen. Ein kurzer Blick, ein leises Flüstern, und dann rissen sie gleichzeitig die beiden Vordertüren des Fahrzeuges auf. »Hundert für mich« – »und hundert für mich!«, ergänzte einer der Polizisten. Geschockt ließen sich Knut und Ede ohne jegliche Gegenwehr festnehmen. Bald darauf landeten alle beim Kriminaldauerdienst: Knut, Ede, die beiden Taschen und der doppelte Kommissar Zufall. Nachdem wir den Inhalt der beiden Reisetaschen geprüft hatten, machten wir gleichfalls ungläubige Augen: rund vierhundertachtzigtausend Mark (zweihundertfünfzigtausend Euro) in gebrauchten Banknoten hatten die beiden erbeutet. Und wenn sie nicht so ungeduldig gewesen wären, hätten sie davon einige Jahre in Ruhe und in Frieden leben können. Wie sich später herausstellte, hatte ein »ehrenwerter Geschäftsmann etwas Kleingeld« beiseitegeschafft, um sich den einen oder anderen Wunsch zu erfüllen. Das Finanzamt sollte wohl nicht beteiligt werden, weshalb der Betrag in bar zu Hause angehäuft worden war. Das war irgendwie ruchbar geworden, was unsere zwei Freunde auf den Plan gerufen hatte. Als die beiden erfuhren, wie viel sie da erwischt hatten, und als ihnen klar wurde, dass die Sache nur an ihrer Ungeduld gescheitert war, brach für sie eine Welt zusammen. Die Ausdrücke, mit denen sie sich gegenseitig die Schuld zuwiesen, können aus Jugendschutzgründen hier nicht abgedruckt werden. Fortuna aber hatte nachdrücklich klargemacht, auf wessen Seite sie steht.

Abschied von der Tochter

Im nächsten Fall war es weniger der Göttin Fortuna zu verdanken als meinem mit den Jahren geschärften Instinkt für Gefahrensituationen, dass eine Wohnungsdurchsuchung nicht in einem Desaster endete. Beim Betreten fremder Wohnungen kommt es immer wieder zu brenzligen Situationen, wie jeder Polizeibeamte zur Genüge bestätigen kann. Allerdings deutete in diesem Fall nichts darauf hin, dass die beabsichtigte Wohnungsdurchsuchung etwas anderes als Routine sein könnte. Ich begleitete zwei junge Kolleginnen zu einer Mietwohnung im Münchner Westen. Wir hatten einen Durchsuchungsbeschluss, da der Angestellte einer Fotogroßhandlung, Achim P., im Verdacht stand, Waren im Wert von mehr als fünfzigtausend Euro entwendet und über Kleinanzeigen zum Verkauf angeboten zu haben. Nachdem wir kurz an der Wohnungstür gelauscht hatten, klingelten wir. Es dauerte fast einen Tick zu lange, bis sich endlich ein Mann durch die geschlossene Tür erkundigte, wer da sei. Nachdem wir uns zu erkennen gegeben hatten, bat er uns, kurz zu warten, er müsse sich schnell etwas anziehen. Bei mir schrillten die Alarmglocken. Zu oft schon hatte ich erlebt, dass solche Aufschübe dazu genutzt werden, aus dem Fenster zu flüchten, Beweismittel zu vernichten, Mittäter telefonisch zu warnen oder gar, sich für eine körperliche Auseinandersetzung mit der Polizei zu bewaffnen. Dementsprechend nachdrücklich forderte ich den Mann auf, sofort zu öffnen. Andernfalls würden wir die Tür aufbrechen. Nachdem keine Antwort erfolgte, wies ich die Kolleginnen an, ihre Waffen einsatzbereit zu halten, und verlangte nochmals laut und vernehmlich Einlass. Wieder keine Reaktion. Nun nahm ich Anlauf und warf mich gegen das Türblatt. Doch die Tür hielt stand. Auch bei zwei weiteren Versuchen zeigte sich die Tür von meinen immerhin noch hundertzwanzig Kilo Kampfgewicht unbeeindruckt. Meine Schulter schmerzte. Während ich über eine Alternative zur Selbstverstümmelung nachdachte, meldete sich die Stimme aus der Wohnung wieder. »Warten Sie, ich mach ja schon auf!«

Gleich darauf standen wir Achim P. gegenüber. Gewichtsmäßig hatte ich ihm nichts voraus und auch in punkto Größe war er mit seinen ein Meter neunzig ebenbürtig. Der Ausdruck seiner Augen war lauernd und ich spürte instinktiv, dass dieser Mann gefährlich war. Natürlich hielt ich längst meine Dienstwaffe zur Eigensicherung in der Hand, während ich mich durch das Vorzeigen meines Dienstausweises legitimierte und den Grund unseres Besuchs erläuterte. Dann forderte ich Achim P. auf, sich mit erhobenen Händen und gespreizten Beinen gegen die Wand des Flures zu stellen, wo ich ihn nach gefährlichen Gegenständen durchsuchte. Der Mann hatte nichts bei sich, was als Waffe in Betracht gekommen wäre. Noch im Flur übergab ich ihm den richterlichen Durchsuchungsbeschluss und wartete, bis er ihn gelesen hatte. Die Frage, ob er die darin aufgelisteten Gegenstände in der Wohnung habe, verneinte Achim P. und verzichtete ausdrücklich darauf, Nachbarn als Durchsuchungszeugen hinzuzuziehen. Ich forderte eine der beiden Kolleginnen auf, ihm nicht von der Seite zu weichen.

Anschließend begannen wir gleich im Flur mit der Durchsuchung. Und erlebten die erste Überraschung. An der Garderobe hing unter einer dünnen Jacke ein geladener 45er-Revolver in einem Schulterholster. Sie war illegal in seinem Besitz, durch eine routinemäßige Vorabüberprüfung wussten wir, dass auf ihn weder eine Waffenbesitzkarte noch ein Waffenschein ausgestellt war. Verflixt! Das hätte sehr böse enden können, als ich mich wiederholt gegen die Tür geworfen hatte! Nun ließ ich mich auf kein weiteres Risiko ein und legte dem Mann Handschellen an. Rasch verschafften wir uns einen Überblick, ob sich noch weitere Personen in der Wohnung aufhielten, und stießen dabei auf einen schlafenden Säugling im Kinderzimmer. Bei der gründlichen Durchsuchung der Wohnung erwies sich dann, dass die Fesselung des Beschuldigten durchaus berechtigt war. Unter dem Ehebett lag eine ebenfalls geladene und entsicherte Berettapistole und hinter dem Vorhang im Wohnzimmer lehnte eine geladene Jagdflinte an der Wand! Der Mann hatte die wenigen Minuten vor dem Öffnen der Tür dazu genutzt, an ihm strategisch günstig erscheinenden Stellen Waffen zu deponieren. Was er damit bezweckt hatte, wollte ich mir gar nicht ausmalen.

Währenddessen klingelte es an der Wohnungstür. Davor stand Achim P.s Ehefrau mit mehreren prall gefüllten Plastiktüten. Wir baten sie herein und erklärten ihr die Situation. Und stellten fest, dass die Frau im richtigen Moment gekommen war. Denn in den Tüten befanden sich leere Verpackungen von Fotoapparaten und Objektiven, die genau den Modellen entsprachen, die in der Firma ihres Mannes fehlten. Schließlich gab sie zerknirscht zu, dass die dazugehörenden Waren im Keller lagerten. Sie hatte die Fotoapparate ausgepackt, um die Herkunft der Geräte zu verschleiern. Je nachdem, auf welche Anzeige hin sich jemand meldete, habe man das Gesuchte hochgeholt und als »gebraucht, aber fast neuwertig« verkauft.

Die weitere Durchsuchung erbrachte keine neuen Ergebnisse. Mit Unterstützung einer von mir zufällig akquirierten Funkwagenbesatzung, die im strömenden Regen gerade dabei war, unseren halb auf einem Grünstreifen geparkten zivilen Dienstwagen mit einem Strafzettel zu verzieren, räumten wir anschließend das Kellerabteil leer. Darin befanden sich weitaus mehr Gerätschaften, als die Firma bislang als fehlend bemerkt hatte. Wir hatten dem Beschuldigten bereits nach dem Auffinden der ersten Waffe die Festnahme erklärt. Als wir ihn nun zu unserer Dienststelle bringen wollten, bat er uns, sich von seiner kleinen Tochter verabschieden zu dürfen. Wir möchten doch bitte die auf dem Rücken gebundenen Hände vorne fesseln, damit er sein Töchterchen nochmals hochheben und an sich drücken könne, ehe er ins Gefängnis käme. Einem Vater einen derartigen Wunsch abzuschlagen, ist schwer. Also legten wir die Handschellen entsprechend an und ließen ihn ans Gitterbettchen seiner Tochter. Er beugte sich über das Bett und im selben Augenblick spürte ich förmlich, dass irgendetwas nicht stimmte. Ich packte Achim P. in dem Augenblick am Oberarm, als er gerade mit beiden Händen eine Ecke der Matratze umklammerte und sie ohne Rücksicht auf das schlafende Baby in die Höhe ziehen wollte. Nun eilten auch die beiden Kolleginnen zu Hilfe und gemeinsam schafften wir es, den Mann vom Bett wegzuzerren und zu Boden zu ringen. Sein Töchterchen war durch die stürmische Aktion aufgewacht und weinte herzzerreißend. Eine meiner Kolleginnen nahm das kleine Mädchen hoch und brachte es zu seiner Mutter. Dann widmeten wir uns dem Kinderbett und hoben vorsichtig die Matratze in die Höhe. Auf dem Lattenrost darunter lag – eine Pumpgun, geladen mit grobem Schrot, schussbereit! Der Beschuldigte räumte ein, dass er in dem Moment, als er sich von seiner Tochter verabschieden wollte, nur noch rotgesehen habe. Ob er tatsächlich vorgehabt hatte, von der Waffe Gebrauch zu machen, ließ sich nicht nachweisen. Für uns aber gab es keinen Zweifel, dass der Mann die Waffe gegen uns eingesetzt hätte, und sei es nur zu dem Zweck, seine Flucht zu erzwingen. Seither jedenfalls gehören Kinderbettchen zu meinem Standardprogramm bei jeder Durchsuchung.

Die Waffenexpertin

Außerhalb der regulären Bürozeiten ist der Kriminaldauerdienst bei allen kriminalpolizeilichen Ermittlungen im ersten »Angriff«, so der offizielle polizeiliche Sprachgebrauch, zuständig. So wurde ich an einem Samstagnachmittag von einer Streife der Schutzpolizei telefonisch über einen versuchten Raubüberfall auf ein Spielwarengeschäft informiert. Zusammen mit einem Kollegen begab ich mich an den Tatort, einen kleinen Laden in der Innenstadt.

Gegen 16 Uhr hatte ein dunkel gekleideter Mann mit Mütze und Sonnenbrille das Geschäft betreten, in dem sich zu diesem Zeitpunkt außer der 26-jährigen Verkäuferin nur noch eine ältere Kundin befand. Der Laden war zweigeteilt, der hintere Bereich lag etwa einen halben Meter höher, eine breite Holztreppe führte hinter der Kasse nach oben.

Während die Angestellte die Dame bediente, schien sich der Mann für Puppen zu interessieren, die in der Nähe der Eingangstür auf ihre neuen Mütter warteten. Kaum hatte die Kundin jedoch das Geschäft verlassen, trat der Mann auf die Kassentheke zu. Dabei zog er seine Wollmütze tiefer in die Stirn, griff in die Außentasche seiner dunklen Jacke und brachte eine silberfarbene Pistole zum Vorschein. Er richtete die Waffe auf die Frau an der Kasse und verlangte mit dunkler Stimme und mit einem leichten ausländischen Akzent: »Geld her! Keine Faxen!« Die drohende Geste, mit der er den Lauf der Waffe zwischen dem Kopf der Frau und der Registrierkasse hin und her bewegte, unterstrich seine Forderung unmissverständlich. Doch hatte er offensichtlich nicht mit der Courage der jungen Dame gerechnet. Diese hatte nämlich als Verkäuferin für Spielwaren einen geschulten Blick und erkannte messerscharf, dass es sich nur um eine Spielzeugwaffe mit Knallpatronen handelte. Als die Frau daher nicht mit der erwarteten Bestürzung und Geschwindigkeit reagierte, drückte der Mann zur Untermauerung der Ernsthaftigkeit seiner Geldforderung zweimal seine Waffe ab, wobei er den Waffenlauf in Richtung der Holztreppe drehte. Sofort danach richtete er die Mündung der Pistole wieder auf das Gesicht seines Opfers. »Ich mein's verdammt ernst – her mit der Kohle oder der nächste Schuss trifft!«

Mit seiner Show konnte er die mutige Verkäuferin nun wirklich nicht beeindrucken. Zwar ging sie jetzt zum Schein auf seine Forderung ein und begann, mit der linken Hand die erforderlichen Tasten auf der Registrierkasse zu drücken, um den Geldschub zu öffnen. Gleichzeitig griff sie aber mit der rechten Hand, die den Blicken des Räubers vor ihr durch eine Stützsäule verborgen war, behutsam nach einer kleinen Dose mit Tränengas. Seit Menschengedenken fristete sie ihr Dasein auf einem kleinen Wandbrettchen auf der Innenseite der Säule, knapp oberhalb der Kasse. Der Blechkörper war längst mit Flugrost überzogen und das Etikett nicht mehr lesbar. Ob überhaupt noch Tränengas in dem Behälter war und falls ja, ob die Dose noch unter Druck stand und die Düse funktionsfähig war – all das bedachte die Frau nicht. Sie hatte nur das eine Ziel, dem unverschämten Kerl einen Denkzettel zu verpassen und das Geld ihres Arbeitgebers mit Zähnen und Klauen zu verteidigen. Gebannt starrte der Täter auf die Geldschublade, die sich langsam öffnete. Er wähnte sich schon am Ziel seiner Wünsche, als sein Gegenüber überraschend die rechte Hand nach vorne brachte, auf ihn zielte und auf den Sprühknopf des Tränengassprays drückte. Die erhoffte Gaswolke blieb jedoch aus. Stattdessen entleerte sich der Inhalt der Dose in einem dünnen Strahl in den ungläubig geöffneten Mund und ins Gesicht des Täters. Vollkommen perplex starrte der Räuber auf die Frau, unfähig, in irgendeiner Weise zu reagieren. Die stand ruhig vor ihm und hielt die Flasche reglos in die Höhe, während sie den Strahl präzise lenkte. Die fortwährend auf sie gerichtete Spielzeugpistole konnte ihr keine Angst einjagen. Erst als auch der letzte Tropfen die Dose verlassen und sich im Gesicht des Räubers breitgemacht hatte, erwachte der Räuber aus seiner Starre, in die er wie ein Kaninchen vor der Schlange verfallen war. Voller Panik, anscheinend fast blind von der ätzenden Flüssigkeit und mit offenkundiger Atemnot drehte sich der Täter um und ergriff ohne Beute die Flucht. Dass ihm die Flüssigkeit auch in die Augen geraten war, folgerte die Dame daraus, dass er im Wegrennen die Ausgangstür um gut einen Meter verfehlte und voll gegen die Wand krachte. Benommen rappelte er sich wieder auf, suchte die richtige Öffnung und sodann das Weite.

Das war in kurzen Worten die lebhafte Schilderung der jungen Dame. Als ich ihr vorhielt, wie unglaublich leichtsinnig es doch gewesen sei, einem bewaffneten Räuber wegen ein paar Euro Widerstand zu leisten und damit ihr Leben zu riskieren, lachte sie glockenhell auf. »Mein Leben riskiert? Ich doch nicht, ich bin ja nicht bescheuert. Keine Angst, das war nur eine Spielzeugpistole, da kenn ich mich aus!« Ich drehte mich zur Treppe, zeigte mit dem Finger auf die beiden Patronenhülsen und die großen Einschusslöcher, die in der Holzvertäfelung deutlich zu erkennen waren. »Spielzeugwaffe? Und was ist das?« Doch ich erhielt keine Antwort. Das Einzige, was ich vernahm, war ein merkwürdiges Seufzen und dann einen dumpfen Aufprall. Als ich mich umdrehte, lag die kleine Heldin blass und ohnmächtig auf dem Fußboden. Der Schock war zu viel für sie gewesen. Noch lange, nachdem wir sie in einen Korbstuhl verfrachtet und wieder hochgepäppelt hatten, zitterten ihre Hände wie Espenlaub. Ihrem Versprechen, das wir ihr abnötigten, nie wieder bei einem Überfall die Heldin zu spielen, glaubten wir dann ohne Wenn und Aber.

Zwischenlandung

Mittlerweile war ich seit einem Jahr beim Kriminaldauerdienst und harrte nun, nach Ablauf meiner Probezeit, auf meine Beförderung zum Kriminalkommissar. Zeitgleich – und für mich noch nicht absehbar – harrten kaum fünfzehn Kilometer entfernt die Besatzungen von Dutzenden von Rettungsfahrzeugen und Notarztwagen ebenfalls auf etwas. Allerdings auf ein konkret fassbares Objekt, das sich in diesen Minuten mit mehreren hundert Stundenkilometern dem Flughafen München-Riem näherte: ein Flugzeug des Typs McDonnell Douglas DC-10–30, das mit mehr als dreihundert Personen an Bord auf dem Weg von Afrika nach Frankreich in München eine nicht geplante Notlandung angekündigt hatte. Über hundert Passagiere waren an einer Lebensmittelvergiftung erkrankt.

Die Landung des Flugzeuges verlief unproblematisch, danach wurde es zu einer abgelegenen Parkposition gelotst, wo die Rettungskräfte die erkrankten Personen übernahmen und nach einer Erstversorgung in umliegende Krankenhäuser abtransportierten. Da das Flugzeug in Deutschland gelandet war, waren nach dem Weltrechtsprinzip deutsche Gerichte zuständig, um dem Verdacht auf fahrlässige Körperverletzung nachzugehen. Es galt also, die kontaminierten Lebensmittel sicherzustellen. Dies allerdings scheiterte daran, dass der Flugkapitän und seine Besatzung die Herausgabe der Speisen verweigerten. Es handle sich um ein amerikanisches Flugzeug auf einem Interkontinentalflug, damit seien die deutschen Behörden nicht zuständig. Da eine derartige Fallkonstellation nicht gerade alltäglich ist, wandte sich die Flughafenpolizei an den Kriminaldauerdienst und bat um Unterstützung. Und so kam es, dass ich den Auftrag meines Schichtführers erhielt, der in etwa so lautete: »Fahr amoi da naus und schaug zua, dass des Zeig ausgladn wead.« Was frei übersetzt den Auftrag beinhaltete, mich an den Einsatzort zu begeben und für die Sicherstellung des Essens zu sorgen. Notlandungen im internationalen Luftverkehr und die Verweigerung der Herausgabe afrikanischer Bordverpflegung durch einen US-Chefpiloten gehörten zu den wesentlichen Studieninhalten, mit denen ich mich in den letzten Jahren an der Fachhochschule für Polizei fast pausenlos beschäftigt hatte. Bezeichnenderweise lehnten es meine Vorgesetzten unisono ab, mich zu diesem Einsatz zu begleiten. Die überzeugende Begründung für ihre Zurückhaltung lautete in etwa so: »Mei, do is ja nix dabei, stellst des Sach' sicher und nachad konn a waidafliagn.« Auf Nichtbayerisch: »Da ist doch nichts dabei, du musst nur die Sachen sicherstellen lassen, danach kann das Flugzeug seine Reise fortsetzen!« Na dann …

Die ersten Probleme gab es bereits bei meiner Ankunft. Da ich weder über eine Zufahrtserlaubnis verfügte noch in einem Rettungswagen saß, wollte man mich nicht auf das Flugfeld fahren lassen. Schließlich fand sich ein barmherziger Kollege, der mir ein Vorfeldlotsenfahrzeug besorgte, dem ich zu dem abseits wartenden Flugzeug folgen durfte. Als Erstes fiel mir auf, dass sich unter den diversen Uniformträgern niemand befand, dem man z.B. anhand goldener Schulterstücke angesehen hätte, dass es sich um einen Beamten des höheren Polizeidienstes handelte. Auf meine Frage an die umstehenden Kollegen und Beschäftigten des Flughafens, wer denn hier die Einsatzleitung habe, erntete ich nur Schulterzucken. Man teilte mir lediglich mit, dass ein leitender Notarzt sich um die Koordinierung der Rettungsmaßnahmen kümmerte. Dieser konnte mir dann zwar die genaue Zahl der Erkrankten nennen, aber ich erhielt keinen Hinweis auf einen verantwortlichen Polizeiführer vor Ort. Allerdings – so erfuhr ich beiläufig – sei der Kriminaldauerdienst bereits informiert und der Einsatzleiter der Kripo wohl schon auf dem Weg hierher. So war das also. Der Einsatzleiter der Kripo. Das war dann wohl ich.

Also begab ich mich zu dem Flugzeug und stieg die Treppe zum Cockpit empor. Im Vorraum des riesigen Fliegers wurde ich von einer Phalanx aus Pilot, mehreren Copiloten, Stewards und anderen wichtig erscheinenden Angehörigen der Flugzeugcrew erwartet und zugleich am Betreten des Fliegers gehindert. In breitestem Amerikanisch – war das vielleicht der eigentliche Grund, warum keiner meiner Vorgesetzten mitfahren wollte? – wurde mir mitgeteilt, dass ich nicht berechtigt sei, den amerikanischen Boden des amerikanischen Luftfahrzeuges zu betreten. Sollte ich dies versuchen, würde ich internationale Verwicklungen auslösen und damit praktisch den Weltfrieden gefährden. Nachdem auch die Verhinderung der Gefährdung des Weltfriedens ein Schwerpunktthema während meines Studiums gewesen war, erkannte ich sogleich, dass ich sensiblere Methoden anwenden musste, um ohne Dritten Weltkrieg an mein Ziel zu gelangen. Ich erklärte daher der uniformierten Mauer vor mir, dass das Flugzeug nach internationalem Recht durch die Landung auf deutschem Boden der deutschen Gerichtsbarkeit unterliege und ersuchte höflich um die Herausgabe der Lebensmittelcontainer. Sobald diese ausgeladen seien, könne das Flugzeug seine Reise fortsetzen.

Die Antwort des Flugkapitäns ließ nichts Gutes erahnen: Ich solle die Gangway unverzüglich verlassen, damit das Flugzeug für den Abflug vorbereitet werden könne. Man habe durch den Zwischenfall bereits wertvolle Zeit verloren, die man nun aufholen müsse. Jede weitere Verzögerung würde dazu führen, dass die übrigen, nicht erkrankten fast zweihundert Passagiere ihre Anschlussflüge verpassen würden und durch Umbuchungen, geplatzte Geschäftstermine, notwendig werdende Hotelübernachtungen und die in die Höhe schnellenden Standgebühren am Flughafen Riem ein Schaden in Millionenhöhe entstünde. Und er würde persönlich dafür sorgen, dass ich dafür aufkommen müsste, sollte ich nicht sofort verschwinden. Ich beschloss daher, mich zur Ergänzung meiner profunden Luftverkehrsrechtsausbildung lieber doch mit meinem Vorgesetzten noch ein wenig am Telefon abzustimmen. Allerdings hätte ich mir diesen Anruf sparen können. Die Thematik Luftverkehr war scheinbar nicht nur in meinem polizeilichen Werdegang eher von untergeordneter Bedeutung gewesen. Der gute Rat meines Chefs lautete dementsprechend: »Dir wird schon was einfallen.«

Wenn's weiter nichts ist – an Einfallslosigkeit habe ich in der Tat noch nie gelitten. Also bestieg ich erneut die Treppe zum Cockpit und erklärte dem ob meiner Dreistigkeit kurzfristig sprachlosen Kapitän, dass ich die Lebensmittel, sollten sie jetzt nicht sofort und freiwillig herausgegeben werden, beschlagnahmen müsse. Und sollte er mir den Zugang zu den Containern im Frachtraum nicht ermöglichen, müsste ich sein Flugzeug bis zu einer Herausgabe der Container gänzlich in Beschlag nehmen. Dies aber könne dauern, da ich erst entsprechende Spezialkräfte anfordern müsse. Das, was mir an englischen Vokabeln fehlte, um die Antwort des Kapitäns in allen Details zu verstehen, machten mir die Lautstärke seines Vortrags, seine Gestik und Mimik dafür umso deutlicher. Also: Flugzeug beschlagnahmen. Ich nahm aus meiner Schreibmappe eine Protokollvorlage, wie sie sonst bei der Sicherstellung gestohlener Geldbörsen, von Rauschgift und ähnlich überschaubaren Dingen zum Einsatz kommt, und schrieb in das Feld »sichergestellte Gegenstände«: 1 Flugzeug McDonnell Douglas DC-10–30 und fügte die Nummer des Fliegers hinzu, die in großen Buchstaben am Rumpf stand. Ich unterschrieb das Formblatt mit meinem Namen, setzte meinen damaligen Dienstgrad »Kriminalobermeister« darunter, trennte den Formblattsatz und überreichte dem Kapitän das Original. Die Beschlagnahme könne er jederzeit rückgängig machen, indem er die Container herausgebe, erklärte ich. Das ungläubige Staunen in seinem Gesicht wich in Sekundenschnelle erst Wut und dann eiskalter Entschlossenheit. Danach telefonierte der Kapitän mit seiner Airline und vermutlich mit seiner Botschaft, dem Weißen Haus, dem Oberbefehlshaber der Streitkräfte und mit einem Dutzend anderer wichtiger Stellen.

Ich ging – nein, ich schritt derweilen die Treppe wieder hinunter und veranlasste, die Räder des Flugzeugs durch zwei Zugmaschinen zu blockieren. Dann rief ich erneut in meiner Dienststelle an und unterrichtete meinen Vorgesetzten über den Stand der Dinge. Ich bat darum, vorsorglich neben der Staatsanwaltschaft auch unsere Rechtsabteilung zu informieren, in der Hoffnung, die millionenschwere Schadensersatzforderung, die ich auf mich zukommen sah, mit jemandem teilen zu können. Der Rückruf jedoch blieb aus. Dennoch hoffte ich auf die Vernunft und das Einlenken des Flugkapitäns, weshalb ich die Planung für die Zwangsräumung des Fliegers zurückstellte. Tatsächlich verging noch nicht einmal eine Stunde, bis der Kapitän kapitulierte. Jetzt ging alles flott vonstatten. In kürzester Zeit waren mehrere Container Lebensmittel ausgeladen und in einem Kühlraum am Flughafen eingelagert. Ich hob die Beschlagnahme des Flugzeugs auf, und die Maschine konnte ihren Flug fortsetzen. Zurück in meiner Dienststelle, erstellte ich meinen Bericht. Immer noch war weder ein Rückruf der Staatsanwaltschaft noch der Rechtsabteilung erfolgt. Bis heute bin ich allerdings nicht sicher, ob ich seinerzeit auch so gehandelt hätte, wenn mir das Thema »Umgang mit notgelandeten ausländischen Flugzeugen nach Lebensmittelvergiftungen« irgendwann einmal in einer Unterrichtsstunde begegnet wäre.

Wenn der Vater mit dem Sohne

Da es offenbar keine rechtlichen Vorbehalte gegen meine Entscheidung im Fall des notgelandeten Flugzeugs gab, durfte ich unbeanstandet weiter Dienst verrichten. Und so wurde ich zusammen mit einem Kollegen zur Aufnahme eines Einbruchs in den Münchner Norden beordert. Während eines Wochenendausfluges war eine nicht gerade wohlhabende Familie, die in einer Vierzimmersozialwohnung lebte, von ungebetenen Gästen heimgesucht worden. Mühsam hatte man sich nach und nach ein paar Dinge zusammengespart, die das Leben etwas angenehmer gestalten sollten: einen großen Farbfernseher, eine schöne Stereoanlage, eine elektrische Nähmaschine, eine gute Fotoausrüstung und noch ein paar Kleinigkeiten mehr. Keines der Geräte war älter als ein Jahr und bei den meisten Sachen waren die Raten noch nicht einmal zu einem Drittel abbezahlt. Welch ein Glück, dass der Vater mit fürsorglichem Weitblick vor ein paar Wochen erst eine Hausratversicherung abgeschlossen hatte.

Während das Familienoberhaupt die Rechnungen der entwendeten Geräte zusammensuchte, unterhielt ich mich mit dem vierjährigen Sohn, der mit dem Finger auf dem Fernsehtischchen gedankenverloren Kreise zog. »Na, du armer Zwerg, jetzt kannst du gar nicht mehr fernsehen, weil die bösen Einbrecher euch den Fernseher gestohlen haben!« Seine Antwort verblüffte mich: »Den haben die doch gar nicht gekriegt! Den hat mein Papa zum Glück vorher in den Keller getragen!« Welch eine glückliche Hand der Papa tatsächlich gehabt hatte, zeigte sich kurz darauf im Keller des Hauses: Er hatte nicht nur den großen Farbfernseher vor den Einbrechern gerettet, sondern auch die schöne Stereoanlage, die elektrische Nähmaschine, die gute Fotoausrüstung und noch ein paar Kleinigkeiten mehr.

Die Mittagsvertretung

Nach drei Jahren beim Kriminaldauerdienst wurde ich zu einer Kriminalpolizeiinspektion im Norden Münchens versetzt, wo ich als stellvertretender Kommissariatsleiter die nächsten dreizehn Jahre auf dem Gebiet der Bekämpfung von Eigentumskriminalität arbeitete. Bald schon spezialisierte ich mich auf die Bereiche Bandenkriminalität und Seriendelikte, woraus ich nachfolgend einige herausragende Ermittlungsverfahren schildern werde.

Mein erster größerer Fall ereignete sich in einem bekannten Modehaus in der Fußgängerzone. Seit vielen Jahren arbeitete hier Brigitte B. als Kassiererin, sie galt als außerordentlich zuverlässig und gewissenhaft, ihre Abrechnungen stimmten immer genau. Besonders schätzten ihre Kollegen aber ihre selbstlose Hilfsbereitschaft. Brigitte B. sprang häufig während der Mittagszeit für andere ein und hielt nicht selten ganz allein die Stellung in der Etage, während ihre Kolleginnen gemeinsam beim Essen waren. Niemand hatte auch nur den geringsten Anlass, hinter diesem Verhalten etwas anderes zu vermuten als zuvorkommende Kollegialität.

Eines Mittags beobachtete ein Detektiv des Modehauses, wie ein Kunde an die einzige zu dieser Zeit besetzte Kasse ging. Er legte einen Pullover auf den Tresen, Brigitte B. tippte einen Betrag ein und der Kunde bezahlte. Absolut nichts Ungewöhnliches. Der Detektiv wollte sich schon wieder abwenden, als er stutzte. Denn nun ergriff Brigitte B. den Pullover, blickte sich kurz um und bückte sich dann mit der Ware unter die Kassentheke. Dort kramte sie einen Augenblick herum, richtete sich wieder auf und übergab dem Kunden anschließend eine Plastiktüte. Allerdings schien diese prall gefüllt zu sein, was allein mit dem Pullover nicht zu erklären war. Das war merkwürdig. Andererseits konnte es natürlich sein, dass der Kunde vorher bereits andere Kleidungsstücke gekauft und diese in der Kassenbox deponiert hatte. Zumal die langjährige Kassiererin ja eigentlich über jeden Zweifel erhaben war. Damit diese Vertrauensposition auch in Zukunft unangetastet bleiben konnte, unterzog der Detektiv den Einkauf des Mannes außerhalb des Sichtbereichs von Brigitte B. einer Kontrolle. Und staunte nicht schlecht: Der Mann konnte keinen Kaufbeleg für den teuren Hosenanzug in der Tüte vorweisen – vor allem aber stellte sich heraus, dass der vermeintliche Kunde der Ehemann von Brigitte B. war!

Jetzt bekam die Sache eine eigene Dynamik. Der Geschäftsführer wurde verständigt und die Kassendame zusammen mit ihrem Ehemann ins Büro gebeten. Dort gestand sie zerknirscht, dass sie den Hosenanzug aus reiner Geldnot hatte stehlen wollen, da sie sich keine neuen Kleider leisten könne. All ihr Geld brauche sie für die Betreuung ihres kranken Neffen. Zum ersten Mal in ihrem Leben habe sie etwas gestohlen, sie schäme sich unendlich dafür. Und ihr Mann habe davon nichts gewusst, er sei völlig unschuldig. Mit ihrer rührseligen Geschichte wäre es der Dame fast gelungen, den Geschäftsführer von einer Anzeige gegen seine »Vorzeigemitarbeiterin« abzubringen – aber eben nur fast. Denn ihn beunruhigte, dass seit Jahren immer wieder hochwertige Bekleidungsgegenstände abhandengekommen waren, ohne dass es je gelungen wäre, einen Täter zu stellen.

Also entschloss man sich nach einigem Hin und Her, die Polizei zu informieren. Wir übernahmen die Ermittlungen und machten uns zusammen mit den beiden Beschuldigten auf den Weg zu ihrer Wohnung, um diese nach möglichem weiteren Diebesgut zu durchsuchen. Was wir dort allerdings vorfanden, war selbst für uns nicht alltäglich: Die Wohnung war bis in die letzten Winkel vollgestopft mit neuwertigen Bekleidungsstücken aller Art.

Wir begannen, das Diebeslager zu sichten: zweiundzwanzig blaue Hemden – originalverpackt. Ein halbes Dutzend Anzüge derselben Marke, vom Design und der Farbe her identisch – ungetragen. Vier fliederfarbene Damenwintermäntel – niegelnagelneu. Ein Meter identische Sakkos hier, siebzig Zentimeter gleichartiger Kostüme da. Röcke, Blusen, Kleider, wohin man sah. An anderer Stelle warteten vier Trachtendirndl auf ihren ersten Wiesneinsatz. Berge von Accessoires, Schubfächer voller Strümpfe, Wäsche, Gürtel – es fehlte nichts in dieser »heimlichen Filiale« des Textilunternehmens. Und das Praktische aus Sicht der Täter – alle Kleidungsstücke hatten die für sie passende Größe.

Da wir nicht damit gerechnet hatten, auf ein derartig umfangreiches Diebeslager zu stoßen, verschoben wir die Auflistung und Sicherstellung des Diebesgutes auf den folgenden Tag. Die Wohnung wurde beschlagnahmt und versiegelt, das Ehepaar in die Haftanstalt eingeliefert. Der Ermittlungsrichter würde entscheiden, ob die beiden bis zu ihrer Verhandlung in Untersuchungshaft kämen oder nicht. Am nächsten Tag zogen wir mit dem Einverständnis der angesichts der erdrückenden Beweislage inzwischen zerknirscht geständigen Beschuldigten drei Fachverkäufer des Modehauses zu der Durchsuchung hinzu. Die nächsten zwölf Stunden vergingen damit, mehr als vierzehnhundert hochwertige Kleidungsstücke und zahllose Accessoires zu sichten, aufzulisten und in Umzugskartons zu verpacken. Eine Spedition transportierte die Waren dann in einen separaten Lagerraum des Modehauses, wo die Artikel bis zur weiteren Entscheidung durch die Staatsanwaltschaft unter Verschluss genommen wurden. Der Schaden wurde von der Firma mit einem Einkaufspreis von weit über hunderttausend Euro beziffert.

Wie sich herausstellte, hatte Brigitte B. seit mindestens drei Jahren regelmäßig in der Mittagszeit ihrem Mann Plastiktüten mit gestohlener Kleidung mitgegeben. Warum auch hätte er die Waren regulär kaufen sollen, wenn er doch einen so außergewöhnlich attraktiven Personalrabatt in Anspruch nehmen konnte? Ob das Ehepaar Diebesgut weiterveräußert hatte und wenn ja, in welchem Umfang, ließ sich leider nicht mehr klären, da die Beschuldigten auf Anraten ihrer Verteidiger keine weiteren Angaben mehr machen wollten.

Belgische Staatsanleihen

Es scheint ein ungeschriebenes Gesetz zu geben, wonach größere Einsätze immer an einem Freitag beginnen. An Freitagen bauen Kollegen gerne Überstunden ab und machen bereits am Mittag Schluss. Mitunter besteht die Restmannschaft nur aus zwei oder drei Beamten. So war das auch an einem strahlend schönen Augusttag, als ein junger Staatsanwalt sich bei mir meldete. Soeben habe er erfahren, dass in Kürze drei Verdächtige einer Bankfiliale in der Nähe unserer Dienststelle belgische Staatsanleihen im Gegenwert von umgerechnet dreieinhalb Millionen Euro verkaufen wollten. Diese Staatsanleihen waren vor einiger Zeit in Belgien auf unerklärliche Weise aus einem Banktresor verschwunden. Aus derselben Serie waren bereits Anfang Juli Staatsanleihen im Wert von zweieinhalb Millionen Euro an eine andere Bank in München veräußert worden. Die jetzt unmittelbar bevorstehende Transaktion war bereits Tage vorher angekündigt und abgesprochen worden. Erst kurz vor dem Anruf des Staatsanwaltes bei uns aber hatte die Bank erfahren, dass die zum Kauf avisierten Staatsanleihen aus einer Straftat stammten, und sofort die Staatsanwaltschaft verständigt. Der Verkauf – Ware gegen Bargeld – sollte um 13 Uhr stattfinden. Ein Blick auf die Uhr zeigte mir, dass uns nicht mehr viel Zeit blieb, um den Herrschaften einen freundlichen Empfang zu bereiten. Der Staatsanwalt kündigte an, dass er am bevorstehenden Einsatz, also der Festnahme der Tatverdächtigen und der Sicherstellung der Staatsanleihen, persönlich teilnehmen wolle. Im Eiltempo fuhren wir zur Bank, wo wir bereits ungeduldig erwartet wurden. Wir sorgten dafür, dass im Erdgeschoss alle Mitarbeiter ihre Arbeitsplätze sofort verließen. Für den normalen Kundenverkehr hatte die Bank bereits regulär um 12 Uhr geschlossen. Im ersten Stock »übernahmen« meine drei Kollegen und ich die Arbeitsplätze der dort tätigen Banker. Mit Ausnahme des Geschäftsführers, der mit den Verdächtigen telefonisch das Treffen vereinbart hatte, schickten wir alle Mitarbeiter der Bank in einen rückwärtigen Raum, der von innen versperrt wurde. Man konnte ja nicht wissen, von welchem Kaliber die Täter waren, die die Dreistigkeit hatten, innerhalb kurzer Zeit zweimal hintereinander in derselben Stadt gestohlene Wertpapiere in Millionenhöhe zu verkaufen.

Mit dem Geschäftsführer vereinbarte ich, dass er die Herren in Empfang nehmen und in sein Büro im ersten Stock führen sollte. Dazu musste er an dem Raum vorübergehen, in dem wir saßen. Auf ein Zeichen hin sollte er sich in Sicherheit bringen, während wir die Verdächtigen überrumpeln wollten. Kaum hatten wir in aller Eile den Einsatzverlauf abgesprochen, sahen wir durch die Vorhänge, dass sich drei Personen der Bank näherten. Das Aussehen von zweien deckte sich mit der uns inzwischen vorliegenden Beschreibung der beiden Männer, die die Wertpapiere im Juli verkauft hatten. Nun wurde es ernst, unsere Nerven waren zum Zerreißen gespannt. In diesem Moment erkannte der anwesende Staatsanwalt, dass die Festnahme von Straftätern ausschließlich Sache der Polizei ist, und so verabschiedete er sich mit einem »Viel Glück!« eilig aus dem Gefahrenbereich.

Kaum eine Minute später bog der kleine Trupp, angeführt vom Geschäftsführer der Bank, in den Flur ein und kam an unserer offenen Bürotür vorbei. Sekunden später ließen die runden Mündungen unserer Dienstwaffen bei den Besuchern keinen Zweifel mehr daran aufkommen, dass es mit dem beabsichtigten Verkauf nichts mehr werden würde. Leicht geschockt, aber ohne jeden Widerstand ließen sich die Herren, von denen einer aus Holland und zwei aus Bayern stammten, unsere verchromten Armbänder anlegen.

Ob es für sie jedoch ein Trost war, dass sie die Koffer mit dem wertvollen Inhalt nun nicht länger selbst schleppen mussten, bezweifle ich. Die Durchsuchung des Holländers förderte neben diversen Schriftstücken auch mehr als ein halbes Dutzend 100-Dollar-Blüten zutage. Außerdem ergaben sich rasch Hinweise auf eine vierte Person und ein Hotelzimmer in einer Nobelherberge im Stadtzentrum. Nachdem wir unsere drei Festgenommenen in den Haftzellen der nahen Polizeiinspektion geparkt hatten, statteten wir dem Hotelzimmer gemeinsam mit dem nun wieder zuständigen und aus seiner Deckung aufgetauchten Staatsanwalt einen Besuch ab. Dort trafen wir auf einen Herrn aus Pakistan, bei dem – wie sich später zeigte – die Fäden zusammenliefen. Nachdem wir ihm den Grund unserer Anwesenheit und die vorläufige Festnahme erklärt hatten, bat er darum, seine Mutter in Pakistan anrufen zu dürfen, da sie just an diesem Tag Geburtstag habe und er ihr gern gratulieren wolle. Ich hatte sein Ansinnen bereits rundweg abgelehnt, als sich erwies, dass man als Jurist während des Studiums eindeutig die solidere Rechtsausbildung erhält.

Denn nun erfuhr ich, dass der Herr durchaus einen Anspruch darauf habe, einen Anruf zu tätigen, und sei es bei seiner Mutter in Pakistan. Mein Einwand, dass wir beim derzeitigen Stand der Ermittlungen nicht wissen könnten, ob nicht Mittäter gewarnt werden sollten, und solch ein Anruf ein schwerer taktischer Fehler sein könnte, fand leider kein Gehör. So bestand ich wenigstens darauf, dass das Gespräch in deutscher Sprache geführt werden müsse und ich selbst die Nummer wählen würde. Gesagt, getan. Kaum aber war die Verbindung hergestellt, produzierte unser Festgenommener einen Schwall an fremdländisch klingenden Worten. Es hätte dem Erfinder des Breitbandkabels vermutlich zur Ehre gereicht, wäre es ihm gelungen, zeitgleich eine derartige Fülle an Informationen zu übertragen. Mein Daumen auf der Telefongabel beendete die »Geburtstagsglückwünsche«, noch ehe sich der Gesprächspartner bedanken konnte. Nun war Schluss mit lustig. Wir legten dem Festgenommenen Handschellen an und durchsuchten ihn und sein Hotelzimmer nach Beweismitteln. Dabei stellten wir eine Reihe von zumeist auf Englisch abgefassten Schriftstücken sicher, die darauf hindeuteten, dass ihr Besitzer weltweit vielfältige Verbindungen zu Banken und Unternehmen unterhielt. Auch war unser Hotelgast möglicherweise in internationale Goldtransfers im Wert von mehreren hundert Millionen US-Dollar verwickelt. In seiner Nobelkarosse fanden wir weitere Schriftstücke und stellten auch das Auto selbst als möglichen Spurenträger sicher.

Noch bevor wir unsere Dienststelle mit dem vierten Verdächtigen erreichten, stand für mich fest, dass dieser Fall die Fachkenntnisse unserer Dienststelle bei Weitem überstieg. Hier waren einerseits Wirtschaftskriminalisten gefordert, die sich im Wertpapierhandel und in internationalen Bankgeschäften auskannten, und andererseits eine Dienststelle, die über entsprechende Auslandskontakte verfügte. Beides aber war in unserer Dienststelle, wo wir, wie manche Kollegen süffisant bemerkten, doch nur »einfachst gelagerte Fälle der Bagatellkriminaliät« bearbeiteten, nicht gegeben. So beschränkten wir uns darauf, erste Vernehmungen mit den Beschuldigten durchzuführen. Dazu musste ich verschiedene Kollegen bitten, ihr vorgezogenes Wochenende zu unterbrechen und wieder in die Dienststelle zu kommen, um uns zu unterstützen. Der Staatsanwalt erbot sich, bis alles organisiert war, schon mal ein Vorgespräch mit einem der vier Festgenommenen zu führen. Dankend nahm ich an, da im Augenblick kein anderer Kollege verfügbar war. Als ich etwa fünfzehn Minuten später wieder in Richtung meines Büros ging, das ich dem Staatsanwalt und dem Beschuldigten überlassen hatte, kam mir der Staatsanwalt auf dem Gang entgegen. Ich erkundigte mich neugierig, wer denn im Augenblick auf den Festgenommenen aufpasse und erfuhr zu meiner – gelinde ausgedrückt – Verblüffung, dass dieser Mann mit den Machenschaften der Täter nichts zu tun habe. In dem Gespräch hatte er dem Staatsanwalt glaubhaft versichert, dass er rein zufällig vor der Bank auf die Herren gestoßen sei und ihnen aus reiner Gefälligkeit geholfen habe, die schweren Taschen in die Bank zu tragen. Von irgendwelchen geplanten Wertpapierverkäufen wisse er rein gar nichts. Außerdem habe es der Mann wegen eines wichtigen Termins sehr eilig gehabt, weshalb er ihn noch vor meiner Rückkehr habe gehen lassen. Autsch! Das saß! Doch auch jetzt zeigte sich wieder der Unterschied zwischen einem Absolventen der Jurisprudenz und einem normal denkenden Polizeibeamten. Denn in meiner Einfalt hätte ich schwören mögen, dass dies die dümmste Ausrede war, die ich je in meinem Leben von einem Straftäter gehört habe. Irgendetwas an meiner Reaktion schien den Eindruck zu erwecken, als wäre ich ob der Freilassung des »Unschuldigen« not amused, denn nun hatte es plötzlich auch der Staatsanwalt eilig, sich zu verabschieden. »Ein wichtiger Termin, Sie wissen schon …«

Wir hatten den Vorgang längst an unsere Wirtschaftsabteilung abgegeben, als ich Monate später erfuhr, dass der hilfsbereite Taschenträger immer noch wegen dieses Millionencoups – vermutlich nicht seines ersten – mit internationalem Haftbefehl gesucht wurde.

Die Münchner Marienplatzrapper

Als ich im September 1989 das Schreiben eines Kaufhausdetektivs mit der »Mitteilung über eine verdächtige Wahrnehmung« in meiner Post fand, konnte ich nicht ahnen, dass es ein Ermittlungsverfahren in Gang setzen würde, zu dem es bis dato in der bundesdeutschen Kriminalgeschichte nichts Vergleichbares gab. Zwanzig Monate später, im Mai 1991, waren die Ermittlungen beendet und eine Jugendbande mit »für deutsche Verhältnisse beispielloser Energie« hatte aufgehört zu existieren. Zu diesem Ergebnis kam eine umfangreiche Studie durch Professor Dr. Siegfried Lamnek, Lehrstuhl für Soziologie an der Universität in Eichstätt.

Dem Detektiv war im Bereich des Münchner Marienplatzes eine ständig größer werdende Zahl von Jugendlichen aufgefallen, die dort offensichtlich ohne geregelte Arbeit herumhingen und immer wieder Ladendiebstähle in den umliegenden Kaufhäusern und Geschäften verübten. Auch in dem Kaufhaus, für dessen Sicherheit er verantwortlich war, waren schon mehrere der jungen Männer bei Diebstählen von hochwertiger Unterhaltungselektronik erwischt worden. Besonders einer hatte sich in den letzten drei Monaten wiederholt durch Diebstähle teurer Videokameras hervorgetan. Er war zwar jedes Mal angezeigt worden, was ihn aber nicht sonderlich zu beeindrucken schien, da er munter weiterklaute. Dieser junge Mann war offenbar eine Art Anführer, zumindest genoss er großes Ansehen bei seinen Freunden. Der Detektiv, der mich von früheren Ermittlungen her persönlich kannte, nannte die Personalien dieses Ladendiebs und zweier Mittäter und bat, mich der Sache anzunehmen. Obgleich »normale« Ladendiebstähle in den Zuständigkeitsbereich der Schutzpolizeiinspektionen gehören, weckte das Schreiben sofort mein Interesse. Bereits früher hatten sich Mitteilungen dieses Detektivs immer als zutreffend herausgestellt. Als Erstes studierte ich die Kriminalakten der drei jungen Männer. Ich staunte nicht schlecht. Denn bereits die Auswertung der ersten Akte eines gerade mal fünfzehn Jahre alten Täters ergab, dass er in einem Zeitraum von knapp einem Jahr zehn Mal bei Diebstählen mit wechselnden Mittätern ertappt worden war. Besonders verwunderlich fand ich, dass die Staatsanwaltschaft sieben Verfahren, in denen es immerhin um einen Gesamtschaden von rund achttausend Euro ging, ohne nennenswerte weitere Sanktionen eingestellt hatte. Aktuell liefen drei weitere Anzeigen gegen den Burschen, wobei die Entscheidung der Justiz noch ausstand.

Auch die beiden anderen hoffnungsvollen Knaben, fünfzehn bzw. siebzehn Jahre alt, hatten schon in großem Umfang »bei uns arbeiten lassen«. Doch o Wunder: Auch sie hatten es bislang geschafft, frei von spürbaren juristischen Sanktionen zu bleiben. Dies war vor allem deshalb erstaunlich, weil sie die Taten zumeist mit anderen begangen hatten, die Schadenshöhe beträchtlich war und die Diebstähle in immer kürzeren Abständen verübt worden waren. Die Unterlagen machten jedenfalls eines deutlich: Am Marienplatz schien sich etwas zusammenzubrauen!

Ich besorgte mir nun die Akten der weiteren Mittäter, um festzustellen, dass auch diese Jungs bereits mit zahlreichen Delikten bei uns in Erscheinung getreten waren, überwiegend Diebstähle, aber auch wegen Körperverletzung. Mit jeder Kriminalakte, die ich studierte, verdichtete sich die Erkenntnis, dass die meisten Delikte einen Bezug zur Jugendszene am Marienplatz aufwiesen. Es dauerte fast zwei Monate, bis ich die Aktenauswertung abgeschlossen hatte. Dabei ergab sich der Verdacht, dass sich rund hundert zumeist Jugendliche und Heranwachsende zu einer Bande zusammengeschlossen hatten, um vom Marienplatz aus gemeinsam Straftaten zu verüben. Nun informierte ich die Staatsanwaltschaft, wo sämtliche Ermittlungen gegen die Gruppe einem einzigen Referat zugeteilt wurden. Dies war eine wichtige Maßnahme, hatte sich doch aus dem Aktenstudium ergeben, dass die bisherigen Ermittlungen bei mehr als fünfundzwanzig Polizeidienststellen geführt worden waren. Da auch bei der Staatsanwaltschaft unterschiedliche Referate zuständig gewesen waren, waren die Aktivitäten der Gruppe über einen Zeitraum von rund drei Jahren unentdeckt geblieben.

Zur Bearbeitung des Falles wurde im November 1989 eine Sonderkommission gegründet, die »Soko Rapper«. Zur Unterstützung wurden mir drei Beamte anderer Dienststellen zugewiesen und bald darauf bezogen wir Räume in einem Kommissariat, dessen stellvertretender Leiter zunächst die Führung unserer Soko übernahm. Es war ihm ein Anliegen, bei der Ermittlung mitzuwirken. Seine Dienststelle hatte vor nicht allzu langer Zeit selbst einen Hinweis erhalten, war aber zu dem Ergebnis gelangt, dass es keine Bande gäbe. Nun wollte man diese Scharte wieder auswetzen.

Wir hatten für unsere Soko die Bezeichnung »Rapper« gewählt, weil wir herausgefunden hatten, dass eine wesentliche Gemeinsamkeit der Bandenmitglieder ihre Vorliebe für Rapmusik war und sie sich an dem Vorbild amerikanischer Streetgangs orientierten. Die Marienplatzgruppe propagierte und lebte eine Ideologie der nackten Gewalt nach Muster der hochkriminellen Streetgang der »Los-Angeles-Bloods-and-Crips«. Da sich die Gruppe am Marienplatz im Kern aus einer Sendlinger »Jugendblase« rekrutiert hatte, nannte die Gruppe sich die »Sendling-Bronx-and-Bloods-and-Crips«; es war ihr erklärtes Ziel, Zustände wie in L.A. auch in München zu etablieren. Sie gingen dazu über, Baseballschläger als Waffen mitzuführen und sich mit sogenannten

Arafat-Tüchern zu vermummen. Dies war der Stand, als wir mit den gezielten Ermittlungen begannen.

Da zu diesem Zeitpunkt bereits der dringende Verdacht auf Bildung einer kriminellen Vereinigung und schweren gewerbsmäßigen Bandendiebstahl bestand, wurden auch Telefone überwacht. Nachdem die ersten Überwachungsmaßnahmen an einem Samstag eingerichtet worden waren, hörte ich gleich eine Leitung ab. Und traute meinen Ohren nicht. Da sprachen zwei Personen darüber, wie es sein könne, dass einer der Hauptbeschuldigten in den letzten Wochen drei Mal auf frischer Tat festgenommen worden war: »Glaubst du, die hören unsere Telefone ab?« »Nein, aber ich kann ja trotzdem am Montag mal nachschauen – der Raum, in dem die Leitungen angezapft werden, liegt direkt neben meinem Büro!« Das saß! Offenbar war einer der beiden Angehöriger der Deutschen Post (die in jener Zeit auch für Telekommunikation zuständig war). Ich kam mir an diesem Nachmittag wie der berühmte Buchbinder Wanninger vor, bis es mir endlich gelungen war, einen leitenden Angestellten der Post telefonisch aufzutreiben. Mit Hilfe eines Technikers gelang es, noch am Wochenende die überwachten Leitungen so zu modifizieren, dass in dem besagten Raum nichts, aber auch gar nichts mehr auf die Überwachungsaktivitäten hindeutete. Tatsächlich war am Montag bei einem weiteren Gespräch auf den überwachten Leitungen die »Entwarnung« zu hören: »Unsere Leitungen sind hundertprozentig sicher – sie werden garantiert nicht überwacht!« Ich wollte mir lieber nicht ausmalen, welche Folgen es für die Ermittlungen gehabt hätte, wenn mich das Jagdfieber nicht schon am Samstag gepackt hätte. So aber konnten letztlich allein durch die Telefonüberwachung Hunderte Straftaten geklärt werden, da die Burschen völlig offen sprachen.

Nach drei Monaten wurden bei einer ersten Festnahme- und Durchsuchungsaktion fünf Haftbefehle vollstreckt, vierundzwanzig Vorführbefehle vollzogen und dreißig Objekte durchsucht. An der Aktion waren mehr als zweihundert Beamte beteiligt. Anschließend wurde die Soko kurzfristig verstärkt. Bald darauf waren so insgesamt fünfunddreißig Beschuldigte vernommen und neunundachtzig Straftaten geklärt. Damit – so befand der damalige Sokoleiter – sei die Arbeit der Soko beendet. Er löste sie auf.

Allerdings war dies ohne Absprache mit der Staatsanwaltschaft erfolgt, die daraufhin anordnete, die weiteren Ermittlungen unter meiner Leitung fortzusetzen. Ich zog zusammen mit einem Kollegen, den ich zur Unterstützung behalten konnte, zurück in mein eigenes Büro. Trotz der verfrühten Aktion gegen nur einen Teil der Bande gelang es uns, weitere fünfzig Beschuldigte zu ermitteln und schließlich den Nachweis für mehr als eintausend Straftaten zu erbringen. Bei einundzwanzig Durchsuchungen konnten wir umfangreiches Beweismaterial sicherstellen.

Als besonders ermittlungsintensiv erwies sich dabei die Beschlagnahme mehrerer Hundert teils hochwertiger Schmuckstücke bei einem Juwelier, der im Verdacht der Hehlerei stand. Im Schlafzimmer seiner Wohnung stand ein deckenhoher, alter und angeblich leerer Tresor, dessen Schlüssel vor Jahrzehnten verlorengegangen war, wie er uns glauben machen wollte. Erst auf meine Ankündigung hin, den Tresor aufschweißen zu lassen, besann er sich eines Besseren. »Warten Sie, vielleicht finde ich den Schlüssel ja doch noch – ich schau mal nach.« »Wie wär's denn, wenn Sie mit der Suche gleich in Ihrer Rocktasche anfingen, dort, wo Ihr Schlüsselbund die Tasche so ausbeult?« Und was soll ich sagen: Zum grenzenlosen Erstaunen des Mannes hatte tatsächlich der große, schwere Doppelbartschlüssel des Tresors unbemerkt all die Jahre an seinem Schlüsselbund gehangen.

Als die schwere Tür des Tresors offenstand, war es an uns, zu staunen: Der gesamte Innenraum, vom Fußboden bis zur

Decke, war bis auf den letzten Kubikzentimeter vollgestopft mit Perlenkolliers, Brillantschmuck, uralten Taschenuhren aus reinem Silber, Edelsteinen aller Couleur, Diamantbroschen und weiterem Geschmeide – Schmuck im Wert von mehreren Hunderttausend Euro. Jetzt war ich auf die Erklärung des Mannes gespannt, woher er all die Kostbarkeiten hatte. Seine Angaben zu seiner finanziellen Notlage, die er Minuten zuvor in seinem Laden gemacht hatte und die sicher auch Eingang in seine Steuererklärungen gefunden hatten, klangen mir noch sehr deutlich im Ohr. Nachdem er uns jedoch erläutert hatte, was es mit dieser »kleinen Privatsammlung« auf sich hatte, ärgerte ich mich fast ein wenig, dass ich da nicht selbst draufgekommen war: »Na, wissen Sie, der eine sammelt Modellautos, der andere Bierdeckel, und ich – ich sammle eben Schmuck. Sie müssen bloß jeden Monat ein paar Euro weglegen, und Sie werden staunen, was Sie sich alles leisten können.«

Erst staunte ich, dann aber griff ich seinen Vorschlag auf und legte weg: Schachtel für Schachtel, Schatulle für Schatulle in die großen Umzugskartons, die wir uns besorgt hatten. Sorgfältig erfassten wir die Teile in Sicherstellungsverzeichnissen und fotografierten sie. Als der ganze Tresor leer war, verabschiedeten wir uns, schwer beladen mit etlichen Kilo seines »Ersparten«.

Zur Identifizierung der sichergestellten Schmuckstücke wurden bundesweit allen Polizeidienststellen Fotos der wertvollsten Objekte zugesandt, in der Hoffnung, Geschädigte ausfindig machen zu können. Zudem veranstalteten wir eine »Schmuckausstellung« in unserer Dienststelle, zu der wir mehr als vierhundert Personen einluden, die in den letzten Monaten im Großraum München den Diebstahl von Schmuckstücken angezeigt hatten. Leider gelang es nur in einzelnen Fällen, Eigentümer zu ermitteln, sodass letztlich fast der gesamte Schmuck wieder an den sparsamen

Schmuckhändler zurückgegeben werden musste. Kurz nach dieser aufwändigen Aktion endete die Abordnung meines Kollegen zur Soko, der mich bis dahin so tatkräftig und erfolgreich unterstützt hatte, sodass ich die »Soko-Rapper« als Einmannbetrieb zu Ende führen musste. Als ich schließlich den letzten Vermerk einheftete, umfassten die Akten siebenundzwanzig Leitzordner in jeweils dreifacher Ausfertigung. Die Ermittlungen richteten sich ursprünglich gegen mehr als hundertzwanzig Personen, wobei letztlich sechsundachtzig Täter in 1793 Einzelfällen von der Soko überführt werden konnten. Obwohl einzelne Beschuldigte die Beteiligung an mehr als achthundert Taten (!) zugaben, war es aufgrund der Vielzahl der Fälle und des relativ langen Zeitraumes nicht mehr möglich, mehr als maximal hundertzwanzig Einzeldelikte pro Person konkret nachzuweisen.

Der Gesamtschaden ließ sich nur schätzen. Mindestens dreißig der Täter hatten aus dem Verkauf von Diebesgut über einen Zeitraum von mehr als drei Jahren jeweils ein Monatseinkommen von etwa zweitausendfünfhundert bis fünftausend Euro erzielt. Das Geld gaben sie ebenso unbekümmert, wie sie es erlangt hatten, für Rauschgift, Bordellbesuche, Taxifahrten und ausschweifende Champagnerpartys aus. Hochgerechnet ergab dies einen minimalen Schaden von weit mehr als fünf Millionen Euro! Dieser Betrag erscheint jedoch durchaus realistisch, wenn man bedenkt, dass alleine Ladendiebstähle zum Nachteil einzelner Kaufhäuser (!) mit einem konkret noch feststellbaren Schaden in der Höhe von mehr als fünfzigtausend Euro nachweisbar waren.

Interessant waren die Erkenntnisse über Entstehung, Struktur und die besondere »Arbeitsweise« dieser hochkriminellen Jugendbande. Vor allem aber hatte unser Konzept, die Ermittlungen personenbezogen und nicht, wie bis dahin allgemein üblich, deliktbezogen zu führen, einen durchschlagenden Erfolg erzielt. Diese Vorgehensweise erntete anfangs viel Widerspruch, aber erst dadurch war es möglich geworden, die verzweigten Strukturen der Bande zu erkennen und deliktübergreifend zusammenzuführen.

Wie sich die Marienplatzrapper zusammensetzten und wie sie »arbeiteten«

Anfang 1987 wählten eine Reihe 13- bis 19-Jähriger aus München-Sendling den zentral gelegenen Marienplatz zu ihrem Treffpunkt. Er verband den Vorzug der Anonymität mit einem Überangebot an begehrenswerten Konsumgütern aller Art und war zudem verkehrstechnisch gut angebunden. Die Zusammenkünfte fanden zunächst eher sporadisch und zufällig statt. Wer gerade Zeit hatte, ließ sich am Marienplatz blicken. Man verabredete sich für den Abend, tauschte Nachrichten aus, rauchte hin und wieder gemeinsam einen Joint und besorgte sich gelegentlich bei Ladendiebstählen die erforderlichen In-Klamotten. Markenpullover, Markenschuhe und -brillen wurden bald zu einem Statussymbol und Erkennungszeichen innerhalb der anfangs sehr locker strukturierten Gruppierung. An Nationalitäten waren u.a. vertreten: Deutsche, Spanier, Jugoslawen, Türken, Iraner, Afghanen, Italiener, Griechen, Afrikaner aus unterschiedlichen Staaten und Amerikaner. Mädchen spielten keine große Rolle, sie kamen allenfalls als Abnehmer von Diebesgut und Rauschgift in Betracht. Bei keiner der bekanntgewordenen Aktionen wirkten Mädchen aktiv mit.

Bei den Initiatoren der Gruppe handelte es sich um einen 17-jährigen arbeitslosen Deutschen, der unbestritten von Anfang an als ideeller und informeller Führer der Gruppe auftrat; um einen 15-jährigen Ruander, der über Monate hinweg die Schule schwänzte, und um einen 15-jährigen arbeitslosen Spanier. Diese drei bildeten den »geistigen Kern« der Marienplatzrapper. Es lief praktisch nichts ohne das

Wissen und die Billigung eines dieser drei Anführer. Häufig genug waren sie auch finanziell an den Aktionen anderer beteiligt.

Trotzdem stellten die Marienplatzrapper keine feste Gruppe im soziologischen Sinne dar; es gab Untergruppierungen, die weitgehend selbstständig agierten und nur in Bezug auf Hehler oder Dealer den Anschluss an die Rapper suchten. Einen Gruppenzwang im engeren Sinne gab es nur für diejenigen Jugendlichen, die bei der Ausführung einer Straftat mitwirkten. Wer den Marienplatz meiden wollte, konnte dies ungestraft tun.

Umgekehrt war es nur mit Zustimmung des 17-jährigen deutschen Anführers möglich, am Marienplatz Straftaten zu begehen. Und wer »eingeführt« war, konnte den Schutz der Gruppe in Anspruch nehmen. Zum harten Kern zählten dreißig Jugendliche, die über Jahre hinweg ausschließlich vom Gewinn aus kriminellen Handlungen lebten.

Als im Zuge der Ermittlungen erstmals der Begriff des »Sklaven« auftauchte, konnten wir uns zunächst darunter nichts vorstellen; wir hielten es für eines der vielen Codewörter der Gruppe. Erst später wurde bekannt, was sich dahinter verbarg: Die Sklaven verrichteten Hilfsdienste, ohne eine (nennenswerte) Entschädigung zu erhalten.

Jugendliche, die sich in anderen Gruppen besonders hervorgetan hatten, durften – gewissermaßen auf Probe – für einzelne Mitglieder der Marienplatzrapper Straftaten verüben. Sie wurden genau angewiesen, was sie wo zu stehlen hatten. Die Beute mussten sie vollständig bei ihrem »Gönner« abliefern, Geld bekamen sie keines. Zeitweise arbeiteten bis zu drei Sklaven gleichzeitig für einen Marienplatzrapper. Je nach Aufgabe hatten die Sklaven unterschiedliche Bezeichnungen: So gab es die »Schiebesklaven«, die am Hauptbahnhof Diebesgut mit Kofferkulis vom Bahnsteig zu den Taxis schafften; die »Autosklaven« mieteten Autos für

Einbruchtouren an oder stellten ihre eigenen Fahrzeuge zur Verfügung, und »Jackensklaven« waren für den Diebstahl von hochwertigen Lederjacken zuständig. Einem fremden Sklaven intern die Beute abzujagen galt nicht als ehrenrührig; Sklaven waren gewissermaßen rechtlos. Nur wenige Sklaven schafften es im Laufe der Zeit, als vollwertige Mitglieder der Rapper anerkannt zu werden. Antrieb der Sklaven für ihre Mitwirkung war fast ausnahmslos der Wunsch nach Anerkennung; wer von den Marienplatzrappern geduldet oder akzeptiert wurde, hatte bei anderen Jugendgruppen ein hohes Ansehen. Auch ließen die Rapper eigene Sklaven von Außenstehenden nicht ungestraft »ablinken«, also betrügen. Insofern genossen die Sklaven – wenn auch nur in geringem Umfang – den Schutz der Gruppe.

Besonders bemerkenswert war, dass die Polizei als kalkulierbares Risiko galt. Viele der Mitglieder waren schon häufiger durch Straftaten auffällig geworden (überwiegend Rohheits- und Eigentumsdelikte) und hatten dabei ihre Erfahrungen gesammelt. So hatte man bald erkannt, dass ein klarer Sachverhalt und ein »umfassendes« Geständnis das Risiko einer Bestrafung fast auf null reduzierte, vor allem, wenn der Jugendliche Reue heuchelte und versicherte, in Zukunft nie mehr eine derartige Straftat zu begehen. Man war sich der zahlreichen Zugeständnisse, die das Jugendgerichtsgesetz für besserungswillige Jugendliche vorsieht, jederzeit voll und ganz bewusst. Als Direktive wurde folglich ausgegeben, im Falle einer polizeilichen Festnahme sofort zu gestehen. Diese Strategie ließ sich anhand der polizeilichen Unterlagen rückblickend genau belegen. Besonders deutlich wurde dies am Beispiel des 15-jährigen Ruanders, der innerhalb eines Jahres – wie eingangs bereits geschildert – zwar zehn Mal nach Ladendiebstählen mit einem Gesamtschaden von mehr als achttausend Euro festgenommen, aber in keiner Weise zur Rechenschaft gezogen worden war.

Für uns stellte die Kommunikation innerhalb der Gruppierung eine besondere Herausforderung dar. Es dauerte eine ganze Weile, ehe wir mit den zur Tarnung verwendeten Ausdrücken der Bande zurechtkamen. Zunächst wurden geplante Straftaten, ihre »Aktionen«, mit der Frage »Was geht ab?« am Marienplatz besprochen. Bald schon ging man jedoch dazu über, Vorhaben telefonisch über die drei Bandenchefs abzuklären. Die für die Durchführung auserkorenen Jugendlichen wurden dann zu den jeweiligen Treffpunkten beordert, sodass der Rest der Gruppe über die aktuellen Straftaten im Vorfeld nicht informiert war.

Die als Erkennungszeichen wie als Schutz vor Entdeckung verwendeten Spezialausdrücke stammten großteils von einem der drei Anführer, der in einer Gruppe von Scherenschleifern aufgewachsen war. Bei einem Diebstahl sprach man von »tschorn« oder »abziehen«, ein Raub hieß »Läuferische« (Aktion), brach man zu einem Diebeszug ins Umland auf, so fuhr man »auswärts«. »Etwas aufstellen« bedeutete, die erstbeste Straftat zu begehen, mit der sich schnell Geld machen ließ. Hehlerlohn nannte man »Hummelgeld«, abgeleitet von den Porzellanfiguren der Marke Hummel, die sich über die Scherenschleifergruppe schnell und leicht verkaufen ließen. Entsprechende Ausdrücke gab es auch für Betäubungsmittel und deren Konsum. »Tschamas« etwa bedeutete Haschisch, eine »Bong reinsaugen« stand für eine spezielle Form des Haschrauchens aus großen Tonpfeifen, »Nase geben« umschrieb den Konsum von Kokain. Wer »eine Keule ablinkte«, hatte ein Mädchen beim Verkauf von Rauschgift betrogen. Die einzelnen Mitglieder wurden meist nur mit Spitznamen bezeichnet (»großer Gogo«, »kleiner Gogo«, »großer Toni«, »kleiner Toni« u.Ä.), was die Ermittlungen nicht unerheblich erschwerte.

Die Bandbreite der Straftaten der Marienplatzrapper reichte von Eigentumsdelikten aller Art über jugendtypische Gewalttaten, Sexualverbrechen bis hin zu Verstößen gegen das Betäubungsmittelgesetz. Dabei ließ sich – vereinfacht ausgedrückt – feststellen, dass die Diebstähle zur Finanzierung des Lebensunterhaltes, vor allem aber des Rauschgiftkonsums dienten, während die Gewaltdelikte »nur so zum Spaß« ausgeübt wurden. Die absolute Spezialität der Gruppe waren Ladendiebstähle in allen erdenklichen Varianten. Aus dem Erlös erzielte die Gruppe mehrere Millionen Euro Gewinn! Dabei waren zunächst die Diebstähle auf Bestellung das große Geschäft, während dann – ab Mitte 1988 – feste Hehlerkreise alles abnahmen, was die Bande anbrachte. Die Ladendiebstähle erfolgten u.a. nach folgenden Mustern:

Kamikazeaktionen: Zwei bis drei Täter betraten ein Geschäft. In einem günstigen Augenblick rafften sie z.B. einen Stapel Markenpullover (Stückpreis 500 Euro aufwärts) an sich und rannten damit ins Freie.

Sturmaktionen: Nachdem man sich vergewissert hatte, dass vom Personal kein ernsthafter Widerstand zu erwarten war (so wählte man z.B. Boutiquen mit nur einer Verkäuferin aus), nahmen fünf bis sechs Täter ungeniert mit, was sich später leicht verkaufen ließ. Diese Taten mündeten wiederholt in Raubhandlungen, wenn sich ein Verkäufer doch wehrte. In einem Fall wurden auch Kunden niedergeschlagen, die flüchten wollten. Die Beute betrug bei diesen Aktionen mehrfach etliche tausend Euro. Vor allem wegen dieser Sturmaktionen hatten sich Schwabinger Boutiquenbesitzer zu einer Art Bürgerwehr zusammengeschlossen. Sobald die Bande gesichtet wurde, verständigte man sich telefonisch, sperrte das eigene Geschäft zu und eilte dem betroffenen Laden zu Hilfe. Auf diese Weise konnte in einigen Fällen die Tat verhindert werden.

Schlüsseldiebstähle: Die Gruppe verfügte zeitweise über rund zwanzig Schlüssel zu Verkaufsvitrinen. Teilweise hatten die Täter sie einfach von Vitrinen abgezogen, zum Teil aber auch gekauft – von wem, ließ sich nicht mehr feststellen. Diese Schlüssel wurden innerhalb der Gruppe zu einem Stückpreis von hundert Euro gehandelt. Mit ihrer Hilfe wurden aus Schmuckvitrinen ganze Tabletts mit Goldschmuck, aus Schaufenstern Videokameras sowie Goldlüster, wertvolle Hummelfiguren, Käthe-Kruse-Puppen, Goldfeuerzeuge und vieles andere entwendet.

Auswärtstouren: Vier bis sieben Täter fuhren mit dem MVV oder in Mietautos, die »Sklaven« angemietet hatten, bayernweit auf Beutezug. Pro Tour statteten sie bis zu zehn Geschäften einen Besuch ab. Bekannt wurden solche Auswärtstouren, die jeweils mehrere Tausend Euro Beute erbrachten, in siebenundzwanzig Fällen (u.a. Augsburg, Garmisch-Partenkirchen, Regensburg, Rottach-Egern, Starnberg).

Zusammenarbeit: Die Rapper hatten engen Kontakt zu einer Kaufhausdetektei, deren Inhaber und Mitarbeiter (fünf Personen) alle ganz erheblich vorbestraft waren (z.B. wegen räuberischer Erpressung, Raub, Diebstahl und gefährlicher Körperverletzung). Die Detektei kannte in den von ihnen »bewachten« Kaufhäusern die Sicherungsvorkehrungen genau und gab nicht nur die Tipps zu deren Umgehung, sondern auch gezielt Diebstahlsaufträge an die Bande weiter.

Mitarbeit: Im Sommer 1989 ließ sich ein Rapper für mehrere Monate in einem Münchner Kaufhaus als Kassierer einstellen. Fortan kostete ein Farbfernseher für die Bandenmitglieder fünf Euro, eine Stereoanlage konnte man für einen Euro erstehen.

Absicherung: Oft waren auch nicht unmittelbar an der Tat beteiligte Gruppenmitglieder (meist drei bis fünf Mann) vor Ort. Vor allem bei Sturm- und Kamikazeaktionen, aber auch bei Raubdelikten wussten sie geschickt zu verhindern, dass die Verkäufer die Verfolgung aufnahmen, indem sie anboten, selbst die Täter zu verfolgen und zurückzubringen. Wie sich herausstellte, waren die Verfolger anschließend sogar mehrmals von den Geschädigten als Dank zum Essen eingeladen worden, auch wenn bedauerlicherweise die Täter entkommen waren. In mehreren Fällen traten die »Abschirmer« sogar gegenüber der Polizei als Zeugen auf.

Expressgutdiebstähle: ein weiterer Haupterwerbszweig der Gruppe, nachdem Insider verraten hatten, dass diese Diebstähle in der Regel nicht feststellbar waren. Sendungen für die sogenannte Balkanroute wurden zum damaligen Zeitpunkt am Münchner Hauptbahnhof am Bahnsteig bereitgestellt und bis zum Einlaufen des Zuges nicht bewacht. Oft vergingen so bis zu drei Stunden. Da auch beim Verladen nicht kontrolliert wurde, fiel erst am Bestimmungsort auf, dass die Ware fehlte. Aufgrund zwischenstaatlicher Eisenbahnversicherungsabkommen wurde das Stehlgut dem Empfänger vor Ort ersetzt, wovon der Absenderbahnhof meist keine Kenntnis hatte. Die Bande hatte sich daher bald darauf spezialisiert, kofferkuliweise Videorekorder, Computeranlagen und andere hochwertige Elektronikgeräte zu entwenden. Anfangs wurden Nahverkehrszüge auf Nachbargleisen kurz vor ihrer Abfahrt mit den Geräten beladen. Beim ersten Halt – noch im Stadtbereich München – verließen die Täter mit dem Diebesgut den Zug und fuhren mit der S-Bahn oder dem Taxi in die Stadt zurück. Später bediente man sich der »Schiebesklaven«, die leere Waschmaschinenkartons am Bahnsteig befüllten und im Taxi abtransportierten. Wurden die Sklaven erwischt, war das ihr persönliches Risiko. Es gelang, allein für einen Zeitraum von sechs Wochen Diebstähle von weit mehr als fünfzigtausend Euro nachzuweisen, der tatsächliche Schaden dürfte um ein Vielfaches höher gelegen haben. Die verständigte Bahnpolizei konnte nach Observation des betreffenden Bahnsteiges in wenigen Tagen sieben Einzeltäter/bzw. Tätergruppen vom Marienplatz auf frischer Tat festnehmen. Weitere achtzig (!) Anzeigen wurden von der Bahn gegen unbekannt erstellt, nachdem man einen Monat lang besondere Expressgutkontrollen durchgeführt hatte.

Nach und nach hatte sich die Bande fünf verschiedene Hehlerkreise aufgebaut, die in großem Umfang alles abnahmen, was erbeutet wurde. Dies hatte zur Folge, dass die Diebeszüge immer hemmungsloser wurden und die Beute immer umfangreicher – was wiederum einen Rückgang der bei den Hehlern erzielten Erlöse von zunächst rund 35 Prozent des regulären Verkaufspreises auf letztlich 20 Prozent bewirkte. Die Bande wusste sich aber zu helfen, indem sie mit erbeuteten Etikettiermaschinen die Waren teurer auszeichnete und so die Hehler prellte. Bei den Hehlern handelte es sich um den eingangs erwähnten Goldschmied, der seine »Privatsammlung« im Schlafzimmertresor verwahrte; um einen iranischen Aushilfskellner (der innerhalb eines Jahres so viel Gewinn erzielte, dass er ein persisches Spezialitätenrestaurant eröffnen konnte); um eine Gruppe von Scherenschleifern, die Hummelfiguren, Käthe-Kruse-Puppen und Ähnliches auf Flohmärkten, aber auch an feste Auftraggeber verkauften, und einen Friseur, der die heiße Ware aus Drogerieeinbrüchen pauschal aufkaufte (jeweils Waren für mehr als fünfundzwanzigtausend Euro).

Der wichtigste Abnehmer aber war eine Pizzeria: Dort kauften das gesamte Personal (sechs Kellner) und der Inhaber, ein chilenischer Geschäftsmann, praktisch über Jahre hinweg alles auf, was die Bande anbrachte (und z.T. mit mehreren Taxis gleichzeitig anliefern ließ). Ein Raum wurde extra für den Ankauf freigehalten, die Täter gaben sich förmlich die Tür in die Hand. Der hochgerechnete Umsatz des Diebesgutes in diesem angesehenen italienischen Restaurant betrug einige Millionen Euro. Die Ermittlungen der

Soko Rapper bedeuteten dann das Ende dieses Traditionslokals in Münchens guter Stube, direkt am Domplatz.

Insgesamt konnten der Bande vierundvierzig Raubüberfälle nachgewiesen werden. Dabei waren die Opfer in neun Fällen Bedienungen, denen die Geldbörsen entrissen wurden; vier Fälle von Handtaschenraub wurden geklärt und einundzwanzig brutale Raubüberfälle auf Passanten (überwiegend Homosexuelle und Betrunkene) im Bereich des Viktualienmarktes. Dabei wurden die Opfer zum Großteil sehr brutal niedergestiefelt und schwer verletzt. Man suchte bewusst Homosexuelle aus, da man damit rechnete, dass sie aus Scham keine Anzeige erstatten würden. Tatsächlich konnten trotz mehrfacher Presseaufrufe nur drei Opfer ermittelt werden. Die übrigen Taten konnten nur aufgrund der übereinstimmenden Geständnisse der Täter geklärt werden.

Die Bande scheute auch nicht davor zurück, Gewalt gegen Frauen und Mädchen anzuwenden. Schon beim geringsten Anlass schlugen die Täter wahllos auf ihre Opfer ein oder traten sie mit Stiefeln: sei es, dass eine Frau im Kino sich verbat, während der Vorführung zu rauchen; sei es, dass eine Frau in einer Telefonzelle nicht sofort das Gespräch beendete, als ein Rapper ebenfalls telefonieren wollte; oder sei es, dass zwei junge Mädchen gegen unverschämte Anmache protestierten. Einen besonderen »Spaß« machte sich die Bande 1988 daraus, ein regelrechtes Kesseltreiben auf »Schwule« zu veranstalten. Bis zu dreißig (!) Täter, die Schuhe mit Stahlkappen und Glitzeranzüge trugen, um die Opfer zu ängstigen, machten sich auf die nächtliche »Jagd«. Einer der Täter trat als Stricher auf und lockte auserwählte Opfer in dunkles Gelände. Dort fiel die Bande über die völlig überrumpelten Männer her und stiefelte sie teilweise bis zur Bewusstlosigkeit. In mehreren Fällen ließen die Täter erst von den Opfern ab, als sie annehmen mussten, sie seien tot. Im Zusammenhang mit unseren Ermittlungen wurden rund dreißig solcher Taten bekannt. Auch im Bereich der Toilettenanlagen des Hauptbahnhofes und des Karlsplatzes kam es zu zahlreichen Angriffen auf Homosexuelle. Zwei Fälle erschienen selbst den hartgesottenen Tätern als »oberkrass«: Eines der Opfer hatte sich auf der Flucht in einem Bretterzaun verkeilt. Während die Täter auf den Mann eintraten, riss dieser – schon schwer verletzt – in seiner Todesangst den Zaun samt betonierter Verankerung aus dem Boden und konnte so mit letzter Kraft auf eine belebte Straße entkommen. Ein zweites Opfer lag bereits bewusstlos am Boden. Da nahm ein Täter »Anlauf wie bei einem Elfmeterschuss« und trat dem Bewusstlosen mit den Stahlkappenschuhen so gegen den Kopf, »als ob er mit dem Kopf ein Tor schießen wollte«.

Insgesamt wurden etwa hundert Fälle von gefährlicher Körperverletzung ermittelt. Doch auch untereinander war man nicht zimperlich. Einem der Anführer wurde das Bein gebrochen, weil er einen Kumpel bei einem Rauschgiftdeal »abgelinkt« hatte. Einige Freunde des Betrogenen hielten ihn fest, während der Betrogene ihm mit gestrecktem Bein den Oberschenkel brach. In der Folge rächte sich der Bestrafte an einem der Helfer, indem er ihm mit einem Kopfstoß (einem sogenannten Dannemann) das Nasenbein zertrümmerte.

Bei diesem außergewöhnlichen Kriminalfall gingen nicht nur wir Ermittler anders als sonst vor, ein Novum war auf Seiten der Justiz auch die Bildung einer Sonderkommission aus mehreren Staatsanwälten und Richtern zur Vorbereitung der Anklagen. Nötig war dies aufgrund der Menge der Straftaten und der wechselnden Beteiligungen der Täter sowie der hohen Zahl der Beschuldigten. Die schließlich vor dem Jugendgericht ergangenen Urteile möchte ich allerdings nicht kommentieren!

Der Verdacht

Freitagnachmittag. Feierabend. Gemäßigten Schrittes verließ ich die Dienststelle und machte mich auf den Weg zur U-Bahn. Meine Gedanken kreisten um die kriminalistischen Höhepunkte des Tages: Fenster? Zu! Radio? Licht? Ausgeschaltet! Tür? Abgeschlossen! Jalousien? Hochgezogen! Nichts stand dem wohlverdienten Wochenende im Wege. Nichts? Fast nichts! Denn in meine Überlegungen hinein ertönten plötzlich die schrillen und aufgeregten Schreie einer Frau: »Halt! Stehenbleiben! So bleiben Sie doch stehen! Halt! Haaalt!« Die Gedanken ans Wochenende verblassten jäh.

Ein schneller Blick über die Schulter ließ mich Böses erahnen. Eine schon betagte Dame stand mitten auf der Fahrbahn einer kleinen Seitenstraße. Aus ihrer Richtung kommend, rannte ein jüngerer, sportlich gekleideter Mann auf mich zu. Der kleine Adam Riese in mir lief zur Höchstform auf: eine schreiende Dame + ein weglaufender Kerl = äußerst verdächtig! Also beschloss ich, dem Jogger meine Gesellschaft angedeihen zu lassen, um die Ursache der Schreie zu erkunden. Unauffällig setzte ich meinen Weg fort, um den Übeltäter in Sicherheit zu wiegen und zu keiner vorzeitigen Kurskorrektur zu veranlassen. Mein Konzept ging auf. Der Jogger kam weiter auf mich zu. Als er nur noch einige Schritte von mir entfernt war, drehte ich mich auf dem Absatz herum. »Halt! Stehenbleiben! Polizei!«

Ein kurzes, erschrockenes Aufflackern in den Augen des Gegners, ein schneller Haken und ein beginnender Spurt schienen mir deutliche Anzeichen dafür zu sein, dass der Läufer keinen Wert auf meine Bekanntschaft legte. Da das Verfolgen von spurtenden Sprintern gewichtsbedingt nicht zu meinen ausgesprochenen Spezialitäten zählt, bediente ich mich kurzerhand der kaloriensparenderen Disziplin des Aktenkofferweitwurfs. Mein Koffer landete zielsicher zwischen den Beinen des Joggers und dieser auf dem Rasen des Seitenstreifens.

In der Folge bedurfte es erheblicher körperlicher Überredungskunst, den schwitzenden, glitschigen und wild um sich schlagenden Sportler zum Bleiben zu veranlassen. Immer wieder versuchte er mit aller Gewalt, sich aus meinem Haltegriff zu entwinden. Er schien völlig unempfänglich für alle meine Aufforderungen, seinen Widerstand aufzugeben. Wir wälzten uns am Boden, in Bereichen, die sonst bevorzugt nur von vierbeinigen Münchnern aufgesucht werden. Nach endlosen Minuten wilden Gerangels hatte ich meinen Verdächtigen schließlich so fixiert, dass er sich in sein Schicksal ergab und nun kraft- und reglos seinem Bezwinger angstvoll ins Antlitz blickte.

Mit meiner »Beute« unter dem Arm bat ich die Dame, die dem Geschehen aus sicherer Distanz interessiert beigewohnt hatte, mir den Grund ihrer verzweifelten Schreie mitzuteilen. Da ergab sich eine erste überraschende Wendung: Die Dame hatte ihren Hund Gassi geführt. Als der Jogger beide überholte, schloss sich ihm der Hund fröhlich an, was jedoch vom Sportler missverstanden wurde. Aus Angst um seine Wadeln gab dieser Gas. Als sich das gemischte Doppel der Hauptstraße näherte, bekam nun auch die Dame Angst. Allerdings nicht um die Beine des unbekannten Läufers, sondern, dass ihr Bello womöglich unter die Räder geraten könnte. Diese Angst bewog sie, dem Jogger nachzurufen, stehenzubleiben, um so das Leben ihres Vierbeiners zu schonen. Warum der Jogger auf diese eindringlichen Rufe nicht reagierte, sollte ich gleich darauf erfahren. Zunächst also war der Jogger ungerührt weitergelaufen. Als er sich dann unvermittelt mit meiner Person konfrontiert sah, erschrak er ob der Plötzlichkeit dieser Begegnung heftig. Vollends zum Missverständnis aber war es deshalb gekommen, weil er – wie sich jetzt im Gespräch herausstellte – ein schottischer Tourist war, der nicht Deutsch sprach!

Freimütig bekannte mein Gefangener, dass er mich für einen Geistesgestörten gehalten hatte, der ihm grundlos an sein Leben wollte. Von meinem Zuruf hatte er kein Wort verstanden. Nachträglich wurde mir jetzt klar, warum er sich gar so heftig gewehrt hatte: Der arme Kerl hatte Todesängste ausgestanden! Da sich ein ausgewogenes Verhältnis an Beulen, Kratzern, DNA-Antragungen tierischer Herkunft aus dem Grünstreifen und Blessuren ergeben hatte, stand einer friedlichen Trennung nichts mehr im Wege. Nachdem ich meinem Sparringspartner erklärt hatte, an wen er sich wegen eines eventuellen Schadensersatzanspruchs oder einer Beschwerde wenden könne und ihm meine Visitenkarte überreicht hatte, verabschiedete ich mich von ihm. Zögernd und unsicher fragte er zwei Mal nach, ob er denn wirklich gehen dürfe. Ich bejahte und dann begann der Mann, sich vorsichtig und mit kleinen Schritten zu entfernen. Verstohlen blickte er sich mehrmals um, bis er einen Abstand von etwa zwanzig Metern zu mir erreicht hatte. Ein letzter Blick zurück und dann bot die geschundene Kreatur alles auf, was in ihrem Körper noch an Kraftreserven vorhanden war – wie von einer Tarantel gestochen, entfloh der Sportler in Windeseile dem Ort, an dem er so knapp nur dem Tod entronnen war. Auf eindringliche Weise aber hatte sich für mich wieder einmal das alte Sprichwort bewahrheitet: Treib Sport oder bleibe gesund.

Die Suppe der Barmherzigkeit

Ein Kriminalbeamter ist naturgemäß daran interessiert, sich in der Öffentlichkeit unauffällig zu bewegen und so dezent und lageangepasst aufzutreten, dass das »polizeiliche Gegenüber« nicht vorzeitig gewarnt wird. Das bedeutet natürlich, dass der Zweireiher und die handgemalte Seidenkrawatte nicht unbedingt zur Standardbekleidung eines Kriminalers gehören, wenngleich Sakko und Binder im Allgemeinen vorherrschen. Als ich mit meiner vollen Kaffeetasse vorsichtig um meinen Schreibtisch herumbalancierte und das Telefon abnahm, dachte ich allerdings überhaupt nicht an Kleidung und Outfit.

»Es hat geklappt!«, klang Rudis Stimme aufgeregt an mein Ohr. »Ich hab meinen Informanten erreicht. Und stell dir vor, wenn wir Glück haben und uns beeilen, erwischen wir unseren Kunden noch innerhalb der nächsten Stunde!« Ich war beeindruckt. Die Vorstellung, Rudi einmal beim Beeilen zu beobachten, machte mich neugierig. »An mir soll's nicht scheitern!«, entgegnete ich deshalb gedehnt, schon halb im Gehen. Der Kaffee würde sich wieder einmal um meine Schönheit bemühen müssen, denn um ihn gleich zu trinken, war er noch zu heiß. Die Waffe geschwind überprüft, die Tasche mit den Handschellen am Gürtel befestigt, dem Chef Bescheid gesagt, und schon entschwebte ich – sein »Passt auf! Und wenn's gefährlich wird, holt euch Verstärkung!« noch im Ohr – im Aufzug in die Tiefgarage. Rudi war ein Kollege von der Sachfahndung. Irgendwo hatte er aus seinem früheren Polizeileben noch ein paar Informanten gebunkert, die er seitdem wie einen Träger Freibier sorgfältig vor der Neugier seiner Kollegen verborgen hielt. Einer dieser Freibierträger hatte ihm heute Morgen telefonisch mitgeteilt, dass er den Aufenthaltsort eines gesuchten Mörders in Erfahrung bringen könne. Rudi solle um elf Uhr in einer bestimmten Kneipe anrufen und nach Herrn Meier fragen. Dann könne er ihm nähere Details nennen.

Eine Viertelstunde später stieg ich am vereinbarten Treffpunkt in den Dienstwagen meines Kollegen um. »Na, dann schieß mal los!«, forderte ich ihn auf. Rudi erzählte, dass der Täter, der bei einem Streit im Stadtstreichermilieu einen Kumpel niedergestochen hatte, am Morgen am Hauptbahnhof gesehen worden war. Dabei hatte er sich mit einem Saufkumpan in der Suppenküche einer nahe gelegenen Sozialeinrichtung verabredet. Das war also das Ziel unserer Fahrt. Mit einem Foto des Gesuchten ausgestattet, betraten wir zur Mittagszeit die Vorhalle der Suppenküche für Nichtsesshafte. Eine barmherzige Nonne in adretter Schwesterntracht thronte in einer Glasbox, von wo aus sie die Stricknadeln durch die Wolle auf ihrem Schoß und die Suppenwilligen in Richtung Treppenhaus dirigierte. Ersteres tat sie mit Hingabe, Letzteres energisch – ohne aufzublicken wies ihr Kopfnicken den Weg. Irgendetwas machte sie schließlich auf uns aufmerksam. Vielleicht war es der Umstand, dass wir uns trotz wiederholten Kopfnickens einfach nicht in Richtung Treppe in Bewegung setzten, oder vielleicht war es auch der schwesterliche Instinkt, der ihr sagte, dass mit den demütigen Brüdern unterhalb ihres Glaspalastes etwas nicht in Ordnung war.

So geschah das Unerwartete: Die fromme Schwester riss ihren Blick mit einem deutlich vorwurfsvollen Augenaufschlag von der Schafwolle zwischen ihren Nadeln los und musterte uns kurz. »Entschuldigen Sie bitte vielmals, wenn wir Ihre kostbare Zeit in Anspruch nehmen, aber vielleicht können Sie uns helfen?«, ging ich in die Offensive. Damit hatte ich Zugang zur barmherzigen Seele der Hüterin der Suppen gefunden, denn das Zauberwort »Hilfe« ließ die strengen Falten um die Augen plötzlich in einem sichtbar milderen Licht erscheinen. »Ihr seid neu hier?«, fragte sie mütterlich, um sogleich hinzuzufügen: »Warme Mahlzeiten gibt es täglich von 11 Uhr bis 13 Uhr. Die Treppe hoch, den Gang geradeaus, dann seht ihr schon!«

Die Zeit mit uns musste sie mindestens drei Randmaschen gekostet haben, denn nun stach sie mit ihren Nadeln wie besessen durch die Löcher in der Schafschnur, ohne uns noch eines weiteren Blickes zu würdigen. Ich spielte hoch, setzte alles auf eine Karte und räusperte mich vernehmlich. »Wissen Sie, wir sind eigentlich nicht wegen der Suppe da. Wir haben nämlich schon was gegessen!« Jetzt dauerte es deutlich länger, bis die Augen nach oben kamen. Sie musterten uns von oben bis unten, spazierten über Jacke und Hose, folgten dem Verlauf der Schnürsenkel und verharrten schließlich auf der Spitze ihres ausgestreckten Zeigefingers. Und dieser deutete unmissverständlich auf ein Schild an der gegenüberliegenden Wand. Darauf stand:

»Kleiderausgabe jeden Freitag von 8.00 Uhr bis 10.00 Uhr.«

Das saß. Den Typ haben wir an diesem Tag dann doch nicht mehr erwischt. Ach so, Sie wollten wissen, wie die Suppe schmeckte? Keine Ahnung …

Eine Lokalrunde von Giovanni

Als ich kurz vor 20 Uhr die Wache betrat, um meinen Nachtdienst bei der zivilen Einsatzgruppe anzutreten, wurde ich schon ungeduldig von meinem Streifenpartner erwartet. Einer unserer Informanten hatte mitgeteilt, dass sich der mit Haftbefehl gesuchte »Giovanni« in einem Nachtlokal mit zwielichtigem Ruf aufhalte. Nähere Informationen über Giovanni, über sein Aussehen etwa oder über seine Funktion in dem polizeilich hinreichend bekannten Lokal, hatte mein Kollege trotz intensiven Nachhakens nicht erhalten. Für eine gezielte Razzia waren die Informationen zu dürftig und der Informant zu unzuverlässig. So beschlossen wir, die Sache auf weniger spektakuläre Weise anzugehen. Ich setzte den Kollegen gegen 22.30 Uhr – eine halbe Stunde nach Öffnung des Lokals – vor dem Eingang ab. Mein Streifenpartner betrat die Gaststätte, in der üblicherweise nur leichte Damen und ihre Beschützer verkehrten, die unter sich sein wollten. Ein freier Barhocker war der geeignete Ort, um das kommende Geschehen zu verfolgen.

Nach längerer Suche entdeckte ich eine unbesetzte Telefonzelle mit einem – für Schwabinger Verhältnisse fast ein Wunder – freien Parkplatz davor (na gut, er lag in einer Feuerwehranfahrtszone). Flugs die Nummer aus dem Telefonbuch gesucht und gewählt. »Ja, bitte?« »Mächte ich sprrächän Giovanni, ist serrr wiechtig!!!« Der Teilnehmer schrie irgendwohin nach einem Giovanni und legte dann kommentarlos den Hörer mit einem deutlichen Ruck zur Seite. Ich hatte genug gehört, knallte den Hörer auf die Gabel und sprintete zum Dienstwagen zurück. Ich wollte meinen Partner nicht länger als unbedingt nötig mit der vornehmen Gesellschaft allein lassen. Wie er mir später berichtete, ereignete sich im Anschluss an meinen Anruf Folgendes:

Der Wirt – er hatte das Gespräch angenommen – öffnete die Kellertür hinter der Bar und rief in den Keller hinunter nach Giovanni. Kurz darauf kam ein jüngerer Bursche in Malerkittel und mit Farbklecksen im Haar die Treppe hoch und nahm den Hörer auf. Nachdem er mehrmals vergeblich »Hallo« gerufen hatte, erkundigte er sich erbost beim Wirt, ob er ihn verschaukeln wolle. Dieser beteuerte seine Unschuld. Da mischte sich einer der »Beschützer« ein. »He, Giovanni, das waren bestimmt die Bullen. Jetzt haben sie dich am …« (volkstümlicher Ausdruck für Gesäß). Das entlockte Giovanni nur ein müdes Lächeln. »Bevor mich Bullen finden, gäht Welt unter. Suchen seit drei Jahren nach Giovanni, aber Giovanni sein schlau!« In das zustimmende Gelächter verkündete Giovanni lautstark, dass er eine Lokalrunde auf die dummen Bullen ausgeben würde.

Der Wirt zauberte Gläser auf die Theke, und ehe mein Kollege reagieren konnte, hielt er ein Stamperl Schnaps in den Fingern. Man prostete sich zu und – hopp – rann der Alkohol die Kehle hinunter. Ich betrat das Lokal just in dem Moment, als die Gläser klirrend wieder abgesetzt wurden. Kaum merklich deutete mein Partner mit dem Kopf auf Giovanni. Ich gönnte ihm einen extralangen Blick auf die Kriminaldienstmarke, ehe ich ihn bat, sich auszuweisen. Einen Moment herrschte atemlose Stille im Raum. Dann wieherte die Meute los. Der Rest war Formsache. Giovanni hatte vor langer Zeit seine Unterhaltszahlungen eingestellt und musste deshalb noch drei Monate absitzen. Dass sich mein Partner ausgiebig für die Einladung zum Schnaps bedankte, verlangte schon die Höflichkeit.

Ein lukratives Schneeballsystem

Immer wieder musste unsere Dienststelle gegen einen Personenkreis ermitteln, zu dessen ureigensten Aufgaben der Schutz privaten Eigentums gehört – nämlich gegen Kaufhausdetektive! Einer der herausragenden Fälle nahm einige Monate nach dem unrühmlichen Ende der Marienplatzrapper seinen Anfang. Diesmal hatte sich eine kleinere Jugendgruppe am anderen Ende der Münchner Fußgängerzone, am Stachus, etabliert. Man strebte an, das verwaiste Revier der Marienplatzrapper zu übernehmen. Auch diese – immerhin noch gut sechzig Mann starke – Gruppe stahl, was nicht niet- und nagelfest war, wobei sie sich auf Ladendiebstähle spezialisierte.

Sehr schnell wurden einige in einem Kaufhaus auf frischer Tat ertappt. Ihre Frage, ob man »die Sache nicht vielleicht auch anders regeln« könne als mit einer Anzeige bei der Polizei, fiel bei dem Detektiv auf fruchtbaren Boden: War er doch selbst erst knapp ein Jahr zuvor als Arbeitsloser bei einem Kaufhausdiebstahl ertappt worden. Damals hatte Peter V. immer wieder teure Waren für ein paar Cent erstanden, weil seine Freundin, die als Kassiererin arbeitete, statt der regulären Preise nur geringe Beträge eintippte. Für Außenstehende entstand der Eindruck eines ordnungsgemäßen Kassiervorgangs. Schließlich aber war ein Kaufhausdetektiv, der aus welchen Gründen auch immer ein besonderes Auge auf die Dame an der Kasse geworfen hatte, dem Treiben der zwei auf die Schliche gekommen.

Als diesem Detektiv ein knappes Jahr später gekündigt wurde, weil er nach einer Berechnung des Unternehmens mehr kostete, als er an Diebesgut wieder beibrachte, wurde seine Stelle vakant. Mit einer kaum zu überbietenden Dreistigkeit bewarb sich der diebische Freund der Kassiererin. Zur Unterstützung seiner Bewerbung hatte Peter V. gegen eine geringe Verwaltungsgebühr ein Bewachungsgewerbe angemeldet. Ohne weitere Überprüfung seiner Personalien oder Qualifikationsnachweise erhielt er prompt den Zuschlag. Dabei hätte ein einziger Blick in die ordentlich geführte Diebstahlskartei des entlassenen Detektivs seine dunkle Vergangenheit ruchbar gemacht. Der Wunsch nach Sicherheit aber hat im Einzelhandel meist nicht den Stellenwert, der ihm eigentlich zukäme, und so war allein seine Gehaltsvorstellung ausschlaggebend: Peter V. verlangte als selbstständiger Bewachungsunternehmer einen Bruttostundensatz von umgerechnet gerade einmal 3,50 Euro, was selbst damals indiskutabel niedrig war. Auf den Gedanken, dass man in einer Großstadt wie München damit nicht über die Runden kommen konnte, verfiel keiner der Verantwortlichen.

Als ihm nun die Diebe in ihrer Not das Angebot machten, »die Sache anders zu regeln«, ging Peter V. bereitwillig darauf ein und schlug ihnen zugleich einen Deal vor: Er würde sie weder anzeigen noch ihnen bei künftigen Diebstählen im Weg stehen, wenn sie als Gegenleistung auch für ihn klauen würden. Erfreut nahmen die Diebe das Angebot an und so »beschäftigte« Peter V. alsbald im Wechsel drei bis fünf Ladendiebe, die in dem von ihm überwachten Kaufhaus ungeniert Sachen mitgehen lassen durften. Geeinigt hatte man sich auf einen Verteilungsschlüssel, wonach Peter V. die Beute aus jedem dritten Diebstahl zustand. Bald mussten die Ladendiebe für ihren Gönner auch Diebstähle in anderen Geschäften verüben, wobei er ihnen die Beute vorab genau bezeichnete. Schließlich gestattete der Detektiv, dass die Ladendiebe ihrerseits Langfinger – allerdings nicht mehr als zwei pro Dieb – in dem von ihm bewachten Kaufhaus einsetzten, wobei auch hier ein fester Modus für die Verteilung der Beute vereinbart wurde. Im Zuge dieser fruchtbaren Symbiose kam es mitunter zu filmreifen Szenen: So hatte eines Tages der Geschäftsführer bei seinem Rundgang durchs Kaufhaus einen der Diebe des Detektivs auf frischer Tat beobachtet und den in der Nähe stehenden Peter V. aufgefordert, mit ihm zusammen den Täter zu stellen. »Unglücklicherweise« kam der Detektiv kurz vor der Festnahme ins Stolpern, und dem Täter gelang die Flucht. Doch hatte weder Peter V. noch der Dieb mit der Kondition des Geschäftsführers gerechnet, der sofort die Verfolgung aufnahm. Notgedrungen musste Peter V. den beiden hinterher, wobei er darauf achtete, genügend Abstand zum Flüchtigen einzuhalten. Nachdem es dem Geschäftsführer schließlich gelungen war, den Dieb in einer ruhigen Seitenstraße in der Altstadt einzuholen und festzuhalten, übergab er ihn dem Detektiv. Der Geschäftsführer wollte nach einer Telefonzelle suchen, um die Polizei zu alarmieren.

Als er zurückkam, fand er seinen Detektiv jedoch mit einer blutenden Platzwunde und einer dicken Beule am Kopf stöhnend am Boden sitzend vor – vom Täter keine Spur! Dieser hatte – wie die Vernehmungen später ergaben – Peter V. auf dessen Geheiß hin einen Schlag verpasst, um die geglückte Flucht plausibel zu machen. Dass er so fest zugeschlagen hatte, war zwar nicht geplant, machte aber die Geschichte absolut glaubwürdig. In einem anderen Fall stellte ein Verkäufer einen der Diebe und brachte ihn in das Büro des Detektivs. Da der Angestellte Anspruch auf die Fangprämie erhob, ließ sich eine Anzeige gegen den Langfinger nicht vermeiden. Allerdings fand Peter V. auch hier eine probate Lösung, indem er die Durchschrift der Anzeige zwar ordentlich abheftete, das Original jedoch nicht an die Polizei schickte, sondern vernichtete. Bei einer anderen Gelegenheit machte eine Verkäuferin den Detektiv auf einen »seiner« Diebe aufmerksam. Mit dem Verspechen, sich um den Kerl zu kümmern, ihn aber erst noch eine Weile in anderen Kaufhäusern observieren zu wollen, folgte der Detektiv dem Täter aus dem Kaufhaus hinaus. Bald darauf teilte er der Verkäuferin zu deren Enttäuschung mit, dass er den Täter leider im Gedränge aus den Augen verloren habe.

Wir unterbanden schließlich diese ertragreiche Einnahmequelle des Detektivs in einer konzertierten Aktion mit mehr als hundertfünfzig Beamten. Ich konnte mir bei der späteren Vernehmung des Geschäftsführers allerdings die Frage nur mühsam verkneifen, ob ich ihm für seinen festgenommenen Kaufhausdetektiv vielleicht einen Ersatz aus der Justizvollzugsanstalt Stadelheim, dem Münchner Gefängnis, besorgen solle.

Auf eine plausible Erklärung dafür, wie ein Kaufhaus dazu kommt, einen Detektiv ohne jegliche Überprüfung in solch eine verantwortungsvolle Vertrauensposition zu berufen, warte ich bis heute vergeblich.

Dieser Fall hat mich in meiner Haltung gegenüber scheinbar unwiderlegbaren Tatsachen geprägt und begleitet mich bis heute, hat er mir doch in erschreckender Weise gezeigt, wie leicht es ist, einen Menschen ins Unglück zu stoßen, wenn man sich auf andere verlässt, die behaupten, dass etwas »hundertprozentig sicher« sei.

Der Fall begann für mich mit der Anzeige einer Innenstadtbäckerei über den Diebstahl von fünftausend DM aus einer Geldbombe. Eine erst seit Kurzem beschäftigte junge Mitarbeiterin hatte am Abend zusammen mit der Prokuristin des Unternehmens die Tageseinnahmen gezählt, den Einlieferungsbeleg ausgefüllt und Beleg und Geld zusammen in eine Geldbombe gesteckt. Die Umsätze waren an diesem Tag außergewöhnlich hoch gewesen und lagen um mehrere tausend Mark über den üblichen Beträgen. Dann hatte die junge Frau sich erboten, die Geldbombe auf dem Weg nach Hause in den Nachttresor der Bank zu werfen. Dankend nahm die Prokuristin das Angebot an, da sie an diesem Abend noch einen Termin hatte. Die junge Mitarbeiterin genoss das uneingeschränkte Vertrauen der Prokuristin. Außerdem hatte das Mädchen keinen Schlüssel für die Geldbombe. Es gab nichts Ungewöhnliches an diesem Abend, als sich die beiden Frauen verabschiedeten.

Einige Tage später fiel in der Buchhaltung der Bäckerei bei der Durchsicht der Kontoauszüge auf, dass der Einzahlungsbeleg aus der Geldbombe auf den Betrag von 8543,11 DM lautete, während als Gutschrift auf dem Kontoauszug lediglich 3543,11 DM vermerkt waren. Sofort wurden die Kassenjournalstreifen des fraglichen Tages überprüft. Doch die auf dem Einzahlungsbeleg vermerkte Summe stimmte auf den Pfennig genau. Man setzte sich mit der Bank in Verbindung, um nach der Ursache der Differenz von fünftausend DM zu forschen. Nach einer internen Überprüfung teilte die Bank mit, dass sich in der Geldbombe exakt 3543,11 DM befunden hätten. Dies könne man mit absoluter Sicherheit sagen, weil bei der Auszählung der Geldbombe ausnahmsweise außer zwei Angestellten auch der Leiter der Revisionsabteilung zugegen gewesen war. Ein Irrtum sei damit hundertprozentig auszuschließen. Außerdem sei es definitiv nicht möglich gewesen, nach dem Einwurf in den Nachttresor an die Geldbombe heranzukommen. Die Entnahme der Geldbomben aus dem alarmgesicherten Schacht konnte erst bei Dienstbeginn und nur durch zwei Mitarbeiter gleichzeitig erfolgen. Das ließ nur zwei Möglichkeiten offen: Entweder hatte die Prokuristin es geschickt verstanden, beim Verpacken des Geldes den jetzt fehlenden Betrag zu unterschlagen und hatte deshalb das Angebot der Kollegin, die Geldbombe ausnahmsweise allein zur Bank zu bringen, gern angenommen. Damit nämlich würde der Verdacht zwangsläufig auf diese fallen. Oder aber die junge Mitarbeiterin hatte ihrerseits eine Möglichkeit gefunden, von dem gezählten Geldbetrag die Summe von fünftausend DM unbemerkt an sich zu nehmen.

Schon bald zeigte sich, dass die Prokuristin über jeden Zweifel erhaben war. Sie war seit mehr als dreißig Jahren für die Bäckerei tätig und noch nie war es auch nur zu den geringsten Unregelmäßigkeiten gekommen. Die alleinstehende, ältere und sehr gebildete Dame verdiente gut und hatte von ihren Eltern ein ansehnliches Erbe übernommen. Sie hatte keine aufwändigen Hobbys, keine dubiosen Bekanntschaften und war der Inbegriff von Loyalität und Zuverlässigkeit. Hätte sie tatsächlich Geld unterschlagen wollen, so hätte es für sie weit weniger auffällige Gelegenheiten gegeben, da man ihr voll vertraute und ihre Abrechnungen so gut wie nie überprüfte. Nein, diese Möglichkeit schloss ich aus, die Prokuristin hatte mit der Sache nichts zu tun.

Ein wenig anders stellte sich die Situation bei der neuen Mitarbeiterin Selma G. dar. Schnell wurde bekannt, dass sie mit einem Mann liiert war, der allen Grund zum Misstrauen bot. Der wegen diverser Eigentumsdelikte polizeibekannte Mann war ein notorischer Glücksspieler und permanent in Geldnot. Er hatte Schulden bei seinen Buchmachern, die ihr Geld mit Nachdruck einforderten. Wäre es da nicht naheliegend, dass er seine Freundin eingespannt hatte, für ihn Geld zu beschaffen? Hatte sie deshalb der Prokuristin das Angebot gemacht, allein zum Nachttresor zu gehen, damit ihr Freund die Geldbombe öffnen und Geld entnehmen konnte? Dieser Theorie wollte ich nachgehen. Ich schilderte meine Überlegungen der Staatsanwaltschaft, die einen richterlichen Durchsuchungsbeschluss für die Wohnung der nunmehr tatverdächtigen jungen Frau erwirkte. Zufällig war gerade der Vater der Beschuldigten zu Besuch. Als er von den Verdachtsmomenten erfuhr, die uns auf den Plan gerufen hatten, brach für ihn eine Welt zusammen. Seine Tochter eine Diebin? Das konnte nicht sein, das wollte er nicht glauben. Auch Selma G., die ja nun erstmals mit dem Verdacht gegen sie konfrontiert wurde, wirkte zutiefst betroffen und verletzt. Sie schwor Stein und Bein, mit dem Fehlen des Geldes nicht das Geringste zu tun zu haben, und sie wirkte absolut überzeugend und glaubwürdig. Bis dato hatte sie sich nie etwas zuschulden kommen lassen, und auch ihre Eltern, die einst als Gastarbeiter aus der Türkei gekommen und dann geblieben waren, hatten eine makellose Vergangenheit. Ich versicherte der Beschuldigten und ihrem Vater, dass wir mit größter Sorgfalt alle Verdachtsmomente überprüfen würden und ebenso alle Punkte, die zu ihrer Entlastung dienen konnten. Dann machten wir uns daran, die Wohnung nach einem Geldbombenschlüssel und nach Unterlagen zu durchsuchen, die über die finanziellen Verhältnisse der jungen Dame Auskunft geben konnten.

Das Ergebnis der Durchsuchung indes war nicht geeignet, die Unschuldsvermutung zu stärken. Zwar hatten wir keinen Geldbombenschlüssel gefunden, doch stellte sich aufgrund von Rechnungen und Überweisungsbelegen heraus, dass Selma G., respektive ihr dubioser Freund, in einem Zeitraum von drei Wochen nach dem Verschwinden des Geldes insgesamt rund viertausendfünfhundert DM mehr ausgegeben hatten, als Einkünfte nachweisbar waren. Die Erklärung des Freundes, er habe zufällig am Hauptbahnhof Leute getroffen, die ihm seit Längerem Geld schuldeten, und dabei rund viertausendsiebenhundert DM in bar zurückerhalten, war nicht wirklich überzeugend, zumal er sie angeblich namentlich nicht genau benennen konnte. Während er mir diese Geschichte verkaufen wollte, strafte ihn sein nonverbales Verhalten Lügen. Meine dringende Bitte, die vermeintlichen Schuldner zu suchen und ihre Personalien mitzuteilen, blieb ergebnislos, sie schienen wie vom Erdboden verschluckt. Die Bäckerei entschloss sich daher, Selma G. in der Probezeit zu kündigen, und entließ sie »im gegenseitigen Einvernehmen«.

Als Selma G. zur Beschuldigtenvernehmung kam, versuchte ich mit Engelszungen und allen legitimen Mitteln, die Dame zu einem Geständnis zu bewegen. Doch sosehr ich mich auch bemühte, Selma G. blieb bei ihrer Aussage, nichts, absolut nichts mit dem Diebstahl zu tun zu haben. Schließlich verabschiedete ich sie und kündigte an, das Ergebnis meiner Ermittlungen an die Staatsanwaltschaft zur weiteren Entscheidung und Veranlassung zu übersenden. Mein Hinweis, dass letztlich wohl auch das Gericht keine andere Möglichkeit sehen werde, als sie für die Diebin des Geldes zu halten, löste einen verzweifelten Weinkrampf bei Selma G. aus.

Ein paar Tage später rief mich ihr Vater an und teilte mir mit, dass seine Tochter aus ihrer Wohnung verschwunden sei. Ohne Arbeit und – viel schlimmer noch – ohne vertrauensvollen Rückhalt durch Freunde und Kollegen habe sie es in München nicht mehr ausgehalten. Der Vater hatte von Bekannten erfahren, dass seine Tochter irgendwo in Norddeutschland sei, hatte selbst aber keinen Kontakt zu ihr.

Ich sah das blasse Gesicht mit den traurigen Augen deutlich vor mir, während ich mit unserer Vermisstenstelle telefonierte und beratschlagte, ob die Voraussetzungen für eine Vermisstenanzeige mit entsprechenden Fahndungsmaßnahmen bereits vorlägen. Vordergründig konnte der Auslöser für das Verschwinden natürlich auch der Wunsch gewesen sein unterzutauchen. Daher entschlossen wir uns, Selma G. zur Aufenthaltsermittlung auszuschreiben. So würde ich sofort benachrichtigt werden, sollte sie irgendwo in Deutschland von einer Polizeistreife kontrolliert werden.

Die Tage und Wochen vergingen; längst war ich mit anderen Fällen beschäftigt und hatte den – aus meiner Sicht abgeschlossenen – Vorgang mit der Geldbombe bereits verdrängt, als ich von einem Kollegen aus Köln einen Anruf erhielt. Er teilte mir mit, dass sie »meine« Beschuldigte in der vergangenen Nacht in letzter Sekunde vor dem Sprung von einer Rheinbrücke gerettet hatten. Selma G. hatte einen Brief auf der Brücke abgelegt, in dem sie ihre Unschuld beteuerte. Sie wähle den Freitod, um ihre Unschuld zu beweisen und die Schande von ihrer Familie zu nehmen. Derzeit sei die Selbstmordkandidatin in psychischer Betreuung. Erschüttert überlegte ich fieberhaft, ob ich bei meinen Ermittlungen einen Fehler gemacht oder etwas übersehen hatte. Doch bei allem Grübeln konnte ich nicht erkennen, wer sonst für den Diebstahl in Frage gekommen wäre. Alle Indizien sprachen eindeutig für die Täterschaft von Selma G.

Wenige Tage später jedoch sollte ich erkennen, dass ich

trotz aller Sorgfalt und vermeintlicher Erfahrung einen Fehler gemacht hatte: nämlich den Angaben der Bank bedingungslos zu vertrauen, die einen Irrtum aufgrund des »Sechsaugenprinzips« bei der Entleerung der Geldbombe und der Zählung des Geldes kategorisch und »hundertprozentig« ausgeschlossen hatte. Der Inhaber der Bäckerei rief mich an und erkundigte sich mit kleinlauter Stimme, ob ich mich an den Fall mit der Geldbombe und den fehlenden fünftausend DM erinnern könne? O ja, ich konnte. Da wäre nämlich was, das er mir unbedingt mitteilen müsse – es habe mit dem angeblich fehlenden Geld zu tun. »Halt – sagten Sie eben: angeblich fehlend?« Ich denke, er hörte bereits an meinem Tonfall, dass er seine weiteren Worte mit Bedacht wählen musste. »Tja, wissen Sie, die Sache ist so. Ich habe soeben einen Anruf meiner Bank erhalten, und da hat man mir mitgeteilt, dass gerade ein anderer Kunde eine Gutschrift aus einer Geldbombeneinzahlung reklamiert habe. Man habe seiner Firma am selben Tag, an dem aus unserer Geldbombe fünftausend DM fehlten, wohl aus Versehen ...« – ich platzte ungeduldig in die Pause, die er machte und die mir viel zu lang erschien – »Was hat man aus Versehen, machen Sie es doch nicht so spannend!« »Da hat man seiner Firma – fünftausend DM zu viel gutgeschrieben.« Boing! Das saß! »Sie wollen damit sagen, dass – dass Ihnen gar kein Geld gestohlen wurde?« »Ja, so sieht es wohl aus. Das Ganze ist ein schrecklicher Irrtum, ein Versehen der Bank!« Wie Donnerhall tobten in diesem Moment die jovialen Worte des Chefrevisors durch meinen Schädel: »Hundertprozentig – hundertprozentig – hundertprozentig!« Im nächsten Augenblick sah ich die blasse Selma G. mit den verweinten Augen vor mir, wie sie nachts auf der Rheinbrücke auf das Geländer kletterte und bereit war, für ihre Ehre und die Ehre ihrer Familie in die dunklen Fluten zu springen. Und ein nie gekannter Zorn bemächtigte sich meiner.

Denn ich hatte mit all meiner vermeintlichen Raffinesse und Erfahrung dazu beigetragen, Selma G.s Glauben an die Gerechtigkeit zu zerstören! Was war das für ein verdammtes Sch...sechsaugenprinzip, das um ein Haar das Leben eines jungen, unschuldigen Menschen gefordert und eine ganze Familie in tiefes Unglück gestoßen hätte! Nun, ich bitte um Nachsicht, wenn ich aus dem rein sachlichen Gespräch, zu dem ich kurz danach die Bank aufsuchte, an dieser Stelle nur die wesentlichen sachdienlichen Inhalte wiedergebe.

Wie die Herren Banker erst jetzt und sehr kleinlaut einräumten, waren an jenem Morgen an dem großen Tisch in den Kellerräumen zeitgleich zwei Bomben entleert und gezählt worden. Beide Geldbomben waren mit handgeschriebenen Einzahlungsbelegen bestückt. Nach dem Zählvorgang wurden die Summen in einer Liste vermerkt und sodann die beiden Bündel Geldscheine auf einen Stapel gelegt. Nun machte sich einer der Angestellten daran, die ermittelten Beträge mit den Einzahlungslisten zu vergleichen. Doch siehe da: Die nur schwer lesbaren, weil hurtig hingekritzelten Eintragungen auf der Einzahlungsliste des einen Kunden schienen eine Summe zu benennen, die mehrere tausend Mark unter der sonst üblichen Einzahlung des Unternehmens lag. Und umgekehrt war die Summe in der Geldbombe der Bäckerei wesentlich höher als sonst. Der Blick in den Einzahlungsbeleg der Bäckerei brachte leider keine Hilfe, da die Zahlen – erstmals von der jungen Selma G. geschrieben – ebenfalls nur sehr schwer lesbar waren. Beide Belege wiesen Beträge auf, die sowohl mit einer schlampig geschriebenen »3«, als auch mit einer undeutlichen »8« beginnen konnten. Eine erneute Nachprüfung der Geldbündel schied indes aus, da sie bereits zusammengeführt waren. So beratschlagte man sich kurz und kam zu dem Ergebnis, dass die gezählten Summen gestimmt hatten, man aber vermutlich die Geldstapel vor dem Zählen aus Versehen vertauscht hatte.

Auf meine freundliche Frage, wieso man dieses merkwürdige Geschäftsgebaren nicht spätestens in dem Moment, als die Bäckerei das Fehlen von exakt fünftausend DM reklamiert hatte, aufgedeckt habe, blickten die Helden des Sechsaugenprinzips betreten zu Boden. Wäre die zu Unrecht so bitter Verdächtigte nicht in letzter Sekunde gerettet worden, hätten die Herren die Schuld an ihrem Tod auf sich geladen.

Die Herkunft der nicht belegbaren Mehreinnahmen von Selmas Freund blieb weiter im Dunkeln. Möglicherweise stammte das Geld aus Verkäufen von Gegenständen zweifelhafter Herkunft. Und da liegt es auf der Hand, dass man solche »Geschäftskunden« vor peinlichen Fragen der Polizei schützen möchte. Lieber nahm er daher in Kauf, dass seine Freundin in Verdacht geriet, eine Diebin zu sein. Das dürfte ihn nicht unbedingt zum Mann ihrer Träume gemacht haben – hoffte ich zumindest.

Das Angebot der Bäckerei, die junge Frau in allen Ehren und mit einer ansprechenden Entschädigung für die erlittene Schmach wieder einzustellen, lehnte sie ab. Ob die Bank einen Versuch unternommen hat, ihre unglaubliche Schlamperei wiedergutzumachen, entzieht sich meiner Kenntnis. Sicher weiß ich jedoch, dass Selma ihr Vertrauen in den Rechtsstaat für immer verloren hat … und ich meinen Glauben an Sachverhalte, die »hundertprozentig sicher« sind.

Auch Kleinvieh macht Mist

Dieses Sprichwort erinnert mich an einen Fall, der in mehrfacher Hinsicht bemerkenswert war. Denn er bewies nicht nur, mit welch unglaublicher Energie und Findigkeit Straftäter ans Werk gehen, um neue Einkommensquellen zu erschließen; sondern er zeigte auch, dass es oftmals die kleinen, unscheinbaren Dinge im Leben sind, denen man allzu leicht die Beachtung verweigert, die sie verdienen.

In besagtem Fall ging es um Warenlieferungen an Groß- und Einzelhandelsunternehmen. Obwohl von seinem Schadensumfang her durchaus geeignet, in die Annalen der Wirtschaftskriminalität einzugehen, war er aufgrund seiner genial einfachen Handlungsabläufe einem – außerordentlich tüchtigen und angesehenen – Ermittler einer Landkreispolizeidienststelle zugeteilt worden. Und zwar schlicht deshalb, weil der Palettenhandel, bei dem alles seinen Anfang nahm, im Zuständigkeitsbereich dieser Dienststelle lag.

Die Firma warb damit, sogenannte Europaletten, also Holzpaletten, auf denen üblicherweise Waren angeliefert werden, und Eurogitterboxen zu verkaufen oder instand zu setzen. Ich hatte mir bis dahin noch nie ernsthaft Gedanken darüber gemacht, woher diese Paletten eigentlich stammen oder wem sie gehören. In jenen Jahren war es fast schon ein gewohntes Bild, dass in der Nähe der Warenanlieferung großer Kaufhäuser in irgendeiner Ecke Berge von alten Holzpaletten und verbeulten Gitterboxen herumlagen. Niemand nahm bewusst davon Notiz. Niemand? Nein, das stimmte so nicht. Jemand hatte eine sehr genaue Vorstellung davon, dass solche Paletten durchaus einen Wert darstellten und nicht nur ein Haufen altes Holz oder verrostetes Eisen waren: Matthias D. Denn bei Recherchen hatte der clevere Mann festgestellt, dass Handelsunternehmen beim Neuerwerb einer Europalette umgerechnet rund zwölf Euro bezahlen mussten und für eine Gitterbox zwischen dreißig und vierzig Euro. Auch gebrauchte, funktionsfähige Paletten erzielten Preise, die sich von den Neupreisen nur unwesentlich unterschieden. Und so meldete Matthias D. ein Gewerbe für den Handel und die Instandsetzung von Paletten an. Der frisch gebackene Unternehmer sprach bei verschiedenen Groß- und Einzelhändlern vor und erbot sich, die alten Paletten kostenlos zu entsorgen. Die Firmen – froh, jemand gefunden zu haben, der sie von diesen »Altlasten« befreite – nahmen das Angebot gerne an. Auf diese Weise sparten sie sich das Geld für die Entsorgung.

Doch auch für Matthias D. ging die Rechnung auf. Die gebrauchten Paletten ließ er reparieren, wobei aus drei beschädigten im Handumdrehen zwei »neue« entstanden. Diese fanden reißenden Absatz, zumal der Jungunternehmer – wenn auch nur minimal – unter den Preisen der etablierten Konkurrenz blieb. Sosehr das Unternehmen auch boomte, stieß es dennoch bald an seine Grenzen: Kaputte Paletten wurden Mangelware, da er die für ihn erreichbaren »Halden« schon bald abgeräumt hatte. Und als richtig dunkle Wolke am Horizont der jungen Firma erwies sich der Umstand, dass die meisten Herstellerbetriebe nach und nach dazu übergingen, Paletten nur noch dann kostenlos mit der Ware anzuliefern, wenn die Filialen dieselbe Anzahl an Leerpaletten wieder mitgaben. Andernfalls wurde ihnen der Wert der fehlenden Tauschpaletten in Rechnung gestellt. Obwohl diese Entwicklung Matthias D.s ehrgeizige Pläne im Hinblick auf schnellen und großen Reichtum durchkreuzte, tat sich doch unerwartet ein Hoffnungsschimmer für ihn auf. Denn ein Lastwagenfahrer, der bei ihm eine Fuhre Paletten abholte, äußerte beiläufig seinen Unmut: Wegen jeder fehlenden Gitterbox und jeder fehlenden Europalette müssten sie mit ihren Kunden einen »Mordszirkus« veranstalten, während die zurückgebrachten Tauschpaletten unkontrolliert einfach in einer Ecke landeten. Niemanden interessiere es, wie viele Paletten die Fahrer dabei abluden.

Das war wohl der Moment, in dem sich der bis dahin untadelige Geschäftsmann entschied, den Weg der Tugend zu verlassen. Denn schlagartig hatte Matthias D. erkannt, welch unglaubliche Chance sich für ihn auftat, an Nachschub zu kommen. Ohne auch nur einen Moment zu zögern, machte er dem Speditionsfahrer ein Angebot: Für jede Europalette gäbe es fünf Euro ohne Rechnung und ohne Fragen in bar auf die Hand und für jede Gitterbox zwölf Euro! Damit hatte er den schwachen Punkt des Lkw-Fahrers getroffen, und so versorgte er künftig den kleinen Gewerbebetrieb mit »übrigen« Paletten. Da aber nicht nur er sich über die Regelungen mit den Tauschpaletten ärgerte, die einen nicht unerheblichen Mehraufwand für die Fahrer bedeuteten, fand er im Kreise seiner Kollegen rasch weitere Willige, die nichts gegen einen lukrativen »Nebenerwerb« einzuwenden hatten. Die Menge der angelieferten Paletten stieg von Monat zu Monat. Einige der Lkw-Fahrer gingen dazu über, nicht nur die Tauschpaletten zu unterschlagen, sondern luden in ihren Auslieferungslagern zusätzliche Paletten und Gitterboxen auf ihre Lastzüge. Mitunter umfassten die Lieferungen der »Stammlieferanten« mehr als hundert Europaletten und über zwanzig Gitterboxen auf einmal.

Der Palettenhandel des findigen Jungunternehmers begann zu boomen. Ein Mitarbeiter wurde eingestellt, der Schwerpunkt der »Instandsetzungsarbeiten« bestand jetzt darin, die Holzsockel mit den eingebrannten Firmenlogos der rechtmäßigen Besitzer auszutauschen und das Logo des Palettenhändlers anzubringen. Die geschädigten Handelsunternehmen hatten durch die unermüdliche Expansion des findigen »Palettenhändlers« natürlich einen immer höheren

Bedarf an Boxen und Europaletten. Allmählich begannen die Lkw-Fahrer, Matthias D. zu bedrängen, doch auch in anderen Gegenden Deutschlands Ankaufsmöglichkeiten zu schaffen. Sie seien auf ständig wechselnden Routen unterwegs und könnten nicht jedes Mal wegen zwanzig, dreißig Paletten bis nach München fahren. Diese Anregung fiel auf fruchtbaren Boden. So entstanden nach und nach, gleichmäßig über Deutschland verteilt, sieben Ankaufsplätze mit jeweils mindestens zwei fest angestellten eingeweihten Mitarbeitern.

Mit der Firmenerweiterung aber erwuchs zugleich ein logistisches Problem. Die zigtausend angekauften Paletten und Boxen mussten ja schließlich bearbeitet und transportiert werden. Was lag da näher, als in strategisch günstiger Lage eine Firmenzentrale zu errichten? So entstand in Baden-Württemberg, unweit der Grenze zu Bayern, ein zweistöckiger Verwaltungsbau, zu dem eine eigene, große Schreinerei zum Umfrisieren der Paletten, ein riesiges Lager und ein Fuhrpark mit drei nagelneuen Lastzügen gehörten. Dass die Zugmaschinen auf der Kühlerhaube einen Stern trugen, sollte wohl symbolisch für den kometenhaften Aufstieg des Unternehmens stehen.

So weit, so gut. Doch dann rächte sich, dass Matthias D. – wie eingangs erwähnt – bei seinen Plänen etwas vermeintlich Vernachlässigbares nicht berücksichtigt hatte. Und das war das Ruhebedürfnis der Anwohner am Münchner Ankaufsplatz. Die störten sich nämlich an der starken Zunahme des Lkw-Verkehrs und der Lärmbelästigung. Vor allem waren sie erzürnt, dass die Lkws immer öfter auch zu später Stunde vorfuhren, wenn längst Feierabend war. Schließlich machte ein Anwohner seinem Unmut Luft und ging zur Polizei. Eine erste verdeckte Nachschau ergab, dass die Lkws ausschließlich gebrauchte Europaletten und Gitterboxen anlieferten. Was aber sollte z.B. eine Spedition aus Österreich dazu veranlassen, einen Dreißigtonner nach München zu entsenden, um gerade mal zehn oder zwanzig Paletten anzuliefern? Die Kollegen wurden misstrauisch. Vorsichtige Anfragen bei den verschiedenen Speditionen ergaben, dass für solche Lieferungen keine Aufträge vorlagen. Jetzt begann die Sache zu riechen. Waren am Ende die angelieferten Paletten unterschlagen? Das musste ergründet werden.

Umfangreiche Observationsmaßnahmen wurden eingeleitet und schon bald kam man auf über hundert Lkws, die Waren anlieferten. Wo Matthias D. sich aufhielt, ließ sich zunächst nicht feststellen. Schließlich war aber ein Lkw-Fahrer, den man mit dem Vorwurf der Unterschlagung konfrontierte, bereit, ein umfassendes Geständnis abzulegen. So wurde bekannt, dass es bundesweit insgesamt sieben Anlaufstellen für Lkw-Fahrer gab. Einen Hinweis auf den Aufenthaltsort des Firmeninhabers konnte der Fahrer allerdings auch nicht liefern.

Damit hatte das Ermittlungsverfahren nun einen Umfang angenommen, der es erforderlich machte, die ermittlungsführende Dienststelle zu unterstützen. So kam es, dass auch mehrere Kollegen meines Kommissariats und ich bereits in den ersten Morgenstunden am Tag der großen Durchsuchungs- und Vernehmungsaktion München in Richtung Norden verließen. Bei einer der Durchsuchungen konnte endlich die Anschrift der Firmenzentrale in Erfahrung gebracht werden, und so machte ich mich mit einem Durchsuchungsbeschluss auf den Weg. Den hatte ich vom Amtsgericht München angefordert, da die Ermittlungen zentral durch die Münchner Staatsanwaltschaft geführt wurden. Da dieser wie auch der Haftbefehl gegen Matthias D. noch am gleichen Tag vollzogen werden musste, hatte ich vor meinem Start ins Baden-Württembergische der zuständigen Dienststelle mein Kommen angekündigt und zugleich um Unterstützung gebeten. »Das trifft sich gut, unsere Dienststelle ist voll besetzt, niemand ist krank, niemand im Urlaub – wir warten auf dich!«, teilte mir mein Gesprächspartner mit. Als ich gut zwei Stunden später an der vereinbarten Autobahnabfahrt von einem Streifenwagen in Empfang genommen wurde, drängten die Kollegen förmlich darauf, mit der Durchsuchung zu beginnen. Ich dämpfte ihre Euphorie mit der Bemerkung, dass wir uns erst einmal mit den anderen Einsatzkräften treffen müssten, damit ich ihnen im Rahmen einer Einsatzbesprechung die notwendigen Informationen geben konnte. »Das können wir gleich jetzt und hier machen – wir sind vollzählig!« »Du scherzt! Ich habe mit einem Kollegen von euch telefoniert und er hat mir zugesichert, dass er mich mit seiner kompletten Dienststelle unterstützen würde«, erwiderte ich, unschlüssig, was der Kollege mit seiner Bemerkung bezwecken wollte. Doch sein nächster Satz beseitigte meine Unsicherheit: »Wir sind wirklich komplett – unsere Dienststelle besteht nur aus uns beiden. Unsere kleine Polizeistation hat nur tagsüber geöffnet, nachts und an den Wochenenden ist sie geschlossen!« »Und auch dann, wenn einer von uns beiden krank ist oder Urlaub hat. Dann muss der Zweite zur Wache in die Kreisstadt!« Glückliches Schwabenländle! In Gedanken formulierte ich ein Schild, das ich künftig an die Tür hängen würde: »Unsere Dienststelle ist wegen Urlaub geschlossen!«

Damit aber war mein aktuelles Problem nicht gelöst. Schließlich gelang es den beiden Kollegen, einen Kriminalbeamten des Erkennungsdienstes, der Rufbereitschaft hatte, und einen Diensthundeführer samt Dienstwauwau zu organisieren. Es dauerte nicht einmal eine Stunde, bis beide eintrafen. Als unser kleiner Konvoi endlich auf das Firmengelände einbog, war es kurz nach Mittag. Das stolze Verwaltungsgebäude machte deutlich, dass das Unternehmen florierte. Marmor und Messing, Parkettböden und schwere Ledermöbel – es war an nichts gespart worden.

Wir meldeten uns im Sekretariat an, das mit seinen teuren Designermöbeln einen Vorgeschmack auf die erlesene Büroausstattung des beschuldigten Firmeninhabers gab. Ich stellte uns vor und erklärte der Dame den Grund unseres Besuches. Matthias D. sei leider nicht da, teilte uns die nette Vorzimmerdame freundlich mit, als das Telefon läutete und der Gesuchte anrief. Ich bat ihn, zur Firma zu kommen, da wir im Rahmen einer Überprüfung Einsicht in die Firmenunterlagen nehmen müssten. Matthias D. erklärte aufgebracht, er werde gleich da sein, und wir sollten ja nichts anfassen oder ohne ihn irgendetwas unternehmen. Dann legte er so schnell auf, dass ich ihm gar nicht mehr sagen konnte, dass ich nicht nur einen Durchsuchungsbeschluss, sondern auch einen Haftbefehl gegen ihn besaß wegen des Verdachts der gewerbsmäßigen Bandenhehlerei. Nun, das würde ich ihm dann eben persönlich mitteilen. Wir betraten schon mal das Büro, nachdem wir dafür gesorgt hatten, dass keine weiteren Telefongespräche mehr geführt oder entgegengenommen werden konnten. Schließlich wollten wir nicht riskieren, dass womöglich Mittäter gewarnt würden. Im Büro trafen wir auf den erwachsenen Sohn des Beschuldigten, der unbeeindruckt von unserem Erscheinen mit einem Modellgabelstapler am Schreibtisch kleine Holzpaletten stapelte.

Nach kurzer Zeit erschienen zuerst ein Rechtsanwalt und gleich danach auch Matthias D. Nachdem beide den Haftbefehl sorgfältig gelesen und besprochen hatten, schien es dem Firmenboss leidzutun, dass er am Telefon so kurz angebunden gewesen war. Womöglich hätte er am Ende für seine Termine eine andere Prioritätenreihenfolge festgelegt? Die Durchsuchung der Firmenräume nahm nicht so viel Zeit in Anspruch, wie ich befürchtet hatte, da keine Unterlagen über die Ankäufe der gestohlenen Paletten existierten. Wir beschlagnahmten verschiedene Ordner, Bankbelege und einige Disketten. Mittlerweile hatten zwei Kollegen die Personalien aller sechzehn Mitarbeiter notiert und überprüft. Sie würde man zu einem späteren Termin vernehmen müssen, an diesem Tag reichte unsere Einsatzstärke dafür nicht aus.

Anschließend transportierten wir den Festgenommenen in die Räume der Zweimann-Dienststelle der württembergischen Kollegen. Dort wollte ich die Formalitäten erledigen und für den Transport Matthias D.s nach München sorgen, wo er am darauffolgenden Tag dem Ermittlungsrichter zur Eröffnung des Haftbefehls vorgeführt werden sollte. Ich staunte jedoch nicht schlecht, als wir die Wachstube erreichten. Sie befand sich in einem schmucken Einfamilienhaus in einem kleinen Raum im Erdgeschoss und war mit abgenutzten Büromöbeln möbliert. Einrichtungsgegenstände, die man gemeinhin mit einer Polizeiwache in Verbindung bringt, waren nicht zu entdecken, Fehlanzeige auch in punkto Haftzelle. Na ja, andere Länder, andere Sitten …

Nachdem Matthias G. mir gegenüber Platz genommen hatte, bat ich einen der Kollegen darum, mir die Formblätter zur Dokumentation der Festnahme zu geben. Zunächst wusste er nicht genau, was ich von ihm wollte. Ich erklärte ihm mein Anliegen also nochmals, um zu erfahren, dass derartige Unterlagen nur in der nächsten Kreisstadt vorrätig seien, hier bei ihnen sei noch nie jemand festgenommen worden. Aha. Nun, sie könnten mich dorthin bringen, aber die Kreisstadt sei ziemlich weit weg – und eigentlich hätten sie längst Feierabend. Ich blickte auf die Uhr. Es war schon nach 22 Uhr. Zum Glück war ich erst seit achtzehn Stunden im Dienst. Alternativ schlugen mir die Kollegen vor, den Festgenommenen ins bayerische Dinkelsbühl zu transportieren. Ich sei ja leider allein unterwegs und könne Matthias G. schlecht allein nach München bringen. Diese Fürsorge rührte mich und ich nahm dankend an.

Auch in Dinkelsbühl herrschte Personalnot. Schließlich gelang es dem Kollegen, vom rund hundert Kilometer entfernten Sitz des Polizeipräsidiums zwei Mann der Aufrufhundertschaft für den Gefangenentransport zu mobilisieren. Es ging auf vier Uhr zu, als wir München erreichten. Bis ich alle Berichte erstellt und im Büro des Ermittlungsrichters abgeliefert hatte, war es Vormittag. Dann fuhr ich nach Hause. Ich beneidete meinen Kollegen von der Landkreisinspektion nicht, der noch viele Monate lang mit der Aufbereitung des Vorganges beschäftigt sein würde. Immerhin hatte sich sein Aufwand gelohnt. Denn der nachweisbare Schaden betrug rund acht Millionen Euro, der tatsächliche Schaden lag vermutlich um etliches höher.

Ein »sauberes« Geschäft

Im Dezember 1993 bekam meine Dienststelle einen Ermittlungsvorgang übertragen, für den sich bis dato keiner so recht zuständig gefühlt hatte. Er sollte uns eine spannende Nacht verschaffen. Die Zentrale eines namhaften, international tätigen Waschmittelkonzerns hatte den Hinweis bekommen, dass ein Rechtsanwalt als Vermittler hundertfünfzigtausend Flaschen eines Allzweckreinigers à hundert Milliliter zum Kauf anbot. Acht Millionen solcher Flaschen hatte das Unternehmen im März als Haushaltsproben verteilen lassen. Dies zumindest sah der Vertrag vor, den der Konzern mit einer Marketinggesellschaft geschlossen hatte. Diese hatte in den verschiedenen Regionen Subunternehmen mit der Verteilung der Fläschchen beauftragt.

Unter anderem hatte so auch ein jugoslawischer Werbeunternehmer den Auftrag erhalten, zweihunderttausend Probefläschchen im Großraum München zu verteilen, wofür er umgerechnet rund fünfzehntausend Euro bekommen hatte. Damit hätte eigentlich kein Hahn mehr nach dem Kraftreiniger gekräht, was sich aber änderte, als jetzt ruchbar wurde, dass Fläschchen aus dieser Charge auf dem Schwarzmarkt angeboten wurden. Die speziell für die Werbeaktion abgefüllten Probefläschchen konnte niemand legal erworben haben. Offenbar hatte einer der Zwischenhändler die Artikel nicht vertragsgemäß verteilt, sondern schlicht unterschlagen und sie ein halbes Jahr später einem Münchner Rechtsanwalt und zugleich Warenbroker zum Kauf angeboten. Vereinbart war eine Kaufsumme von etwas über zehntausend Euro, die »in bar, ohne Mehrwertsteuer« nach Lieferung der Ware zu übergeben war. Da der tatsächliche Wert der Fläschchen bei fünfundsiebzigtausend Euro lag, hätte der Rechtsanwalt natürlich erkennen müssen, dass es bei diesem Deal nicht mit rechten Dingen zugehen konnte. Das aber hielt ihn nicht davon ab, sein Netzwerk für die Suche nach einem Interessenten zu aktivieren. So fand er schließlich einen Abnehmer in Chemnitz, der die Ware seinerseits zum Weiterverkauf anbot, was der geschädigten Firma zu Ohren kam. Sie beauftragte einen Privatdetektiv, sich als Kaufinteressent auszugeben. Bei einem Treffen in Chemnitz erhielt der Detektiv den Zuschlag. Man vereinbarte, das Geschäft »Zug um Zug« abzuwickeln. Ein Mittelsmann sollte ihn an die einzelnen Lagerstätten lotsen, wo Hilfskräfte auf sie warten würden. Schließlich mussten zweitausendachthundert Kartons mit einem Gesamtvolumen von mehr als fünfundsechzig Kubikmetern verladen werden. Der Verkäufer bestand darauf, die Tour erst in den Abendstunden zu beginnen. Eigentlich ein ungeschickter Zeitpunkt, da es mit Sicherheit unverdächtiger gewesen wäre, den Vierzigtonner tagsüber zu beladen. Vermutlich standen da aber die Helfer nicht zur Verfügung.

Sobald die Lieferung vollzählig war, sollte ein Beauftragter des Käufers das Geld in der Anwaltskanzlei in bar überreichen. Danach würde der Anwalt seinen Mittelsmann informieren und dieser das Okay für die Abfahrt des Lkw geben.

Nun schaltete das geschädigte Unternehmen die Polizei ein. Als wir den Namen des Rechtsanwalts erfuhren, horchten wir auf. Er war für uns kein Unbekannter. Sollte es uns gelingen, ihn auf frischer Tat zu ertappen? Als Ort und Zeit des Treffens feststanden, traten wir in Aktion. Da das geschädigte Unternehmen kurzfristig keinen Firmenlaster zur Verfügung stellen konnte, mieteten wir einen Lkw mit Anhänger und statteten das Gespann mit Überwachungstechnik aus. Ein Kollege übernahm den Part des Detektivs. Da der Spediteur sich weigerte, den Lkw von einem Polizeibeamten lenken zu lassen, akzeptierten wir notgedrungen, dass ein Fahrer der Spedition während der Aktion am Steuer saß. Er wurde genauestens instruiert, wie er sich zu verhalten hatte.

Eine Observationseinheit stand pünktlich in der Nähe des Treffpunktes bereit, darüber hinaus hatten wir eine starke Mannschaft auf unserer Dienststelle zusammengezogen. Dann ging es los. An der vereinbarten Stelle stieg der Lotse – ein Vertrauter des Münchner Rechtsanwaltes – in den Lkw und dirigierte ihn zunächst in ein kleines Gewerbegebiet. Dort warteten mehrere Männer, die schweigend mehr als tausend Kartons auf den Lkw verluden. Allesamt, so meldete kurz darauf unser Kollege über Autotelefon, waren mit Bildchen des Allzweckreinigers beklebt. Wir waren auf der richtigen Fährte. Die Ladearbeiten zogen sich fast zwei Stunden hin. Anschließend musste der Fahrer seinen Lastzug in eine stille Stadtrandsiedlung lenken. Kurz vor 22 Uhr hielt das Gespann in der Zufahrt zu mehreren Garagen. Nach kurzer Zeit tauchten die schweigsamen Männer wieder auf; vermutlich waren sie dem Transport gefolgt. Diesmal lagerten die Kartons in mehreren Garagen. Als gerade auch noch der Anhänger beladen wurde, kam es zu einem unvorhergesehenen Zwischenfall: Ein Streifenwagen näherte sich zufällig dem Ort des Geschehens!

Das Fahrzeug passierte die Einfahrt zum Garagenplatz. Dabei bemerkte der Beifahrer den unbeleuchteten Lkw und die dunkel gekleideten Männer, die irgendwelche Kisten schleppten. Sofort erwachte das berufliche Misstrauen in dem Streifenbeamten und er bat seinen Kollegen zurückzufahren. Der Sache wollten sie auf den Grund gehen. Mit Erleichterung hatten die Ladearbeiter registriert, dass der Streifenwagen vorüberfuhr. Als er aber gleich darauf zurückkam und vor der Ausfahrt stoppte, gerieten sie in Panik: »Bullen – haut ab!« Sie ließen ihre Kisten fallen, sprangen über eine kleine Mauer und wurden gleich darauf von der

Nacht verschluckt. Lediglich der Lotse hatte den richtigen Moment verpasst, um aus dem Führerhaus zu klettern und ebenfalls zu verschwinden. Unser verdeckter Ermittler reagierte goldrichtig. Er forderte den – eingeweihten – Fahrer und den Lotsen auf, sich ruhig zu verhalten. Die Bullen würde er schon loswerden, damit kenne er sich aus.

Er ging den beiden Streifenpolizisten entgegen, die der dunkel gekleideten Gestalt mit äußerstem Misstrauen begegneten. Beide hatten ihre Taschenlampen eingeschaltet und die Dienstwaffen gezogen. Ein paar Schritte vor den uniformierten Beamten hielt unser Kollege an – gerade weit genug, um die Beamten nicht zu provozieren, aber nahe genug, dass sie das, was er mit gedämpfter Stimme sagte, verstehen konnten: »Ich bin ein Kollege – das ist ein verdeckter Polizeieinsatz! Ruft die Einsatzzentrale an und lasst euch mit dem Einsatzleiter verbinden – der kann meine Angaben bestätigen!« Obwohl die Situation höchst verdächtig war und der Sprecher in seiner Undercoveraufmachung nicht unbedingt vertrauenswürdig wirkte, reagierte der ältere der beiden Kollegen geistesgegenwärtig. Ohne sichtliche Regung sagte er in normaler Lautstärke: »Sie müssen Ihre Ladetätigkeiten leider auf morgen verschieben – Nachbarn haben sich wegen der Ruhestörung bei uns beschwert!« Erleichtert registrierte der Ermittler, dass seine Kollegen ihm vertrauten. »Ich wäre sehr froh, wenn wir den Rest noch fertig aufladen dürften – das würde uns viel Zeit sparen. Und wir werden besonders leise sein, versprochen!« Die Beamten gaben ihre Zustimmung, da sie nicht riskieren wollten, den Polizeieinsatz zu vereiteln. Sie verabschiedeten sich daher ohne weitere Überprüfungen. Der Streifenführer konnte sich jedoch die zweideutige Bemerkung nicht verkneifen: »Wenn das nicht stimmt, dann sehen wir uns wieder! Auch versprochen!« Gleich darauf setzte die Streife ihre Fahrt fort – wobei sie sich natürlich sofort vergewisserten, dass es mit der verdeckten Polizeiaktion seine Richtigkeit hatte.

Nachdem die Beamten verschwunden waren, gab der »Aufkäufer« Entwarnung. Der Lotse machte sich auf die Suche nach den verschwundenen Männern. Doch von den »Erntehelfern« war weit und breit nichts mehr zu entdecken. So blieb den beiden Männern nichts anderes übrig, als die letzten Kisten selbst aus den Garagen zu holen und auf der Ladefläche zu verstauen. Der Lkw-Fahrer beteiligte sich nicht, er hatte von uns die strikte Vorgabe erhalten, unter keinen Umständen das Führerhaus zu verlassen. Damit wollten wir gewährleisten, dass er nicht aus Versehen in einen möglicherweise erforderlichen Polizeieinsatz geraten konnte. Um den Lotsen nicht misstrauisch zu machen, erzählte er, dass ihm wegen einer neuen Herzklappe jegliche körperliche Anstrengung strikt untersagt sei.

Die nächste Station war ein alleinstehendes älteres Haus im Westen Münchens. Man sah es dem Gebäude an, dass es seit Jahren unbewohnt war. Sträucher wucherten vor den Fenstern, deren Scheiben blind waren vor Staub. Der Putz blätterte von der Fassade, der Garten war völlig verwildert. Hier lagerten in den Kellerräumen die letzten circa fünfhundert Kartons. Und von den Helfern nach wie vor keine Spur! Wohl oder übel mussten unser verdeckter Ermittler und der Vertraute des Verkäufers wieder selbst zupacken. Karton um Karton schleppten sie im düsteren Schein verdreckter Glühbirnen durch den Vorgarten bis zum Lastwagen. Unser Observationskommando hatte eine Stelle gefunden, von der aus man den schweißtreibenden Ladevorgang gut beobachten konnte. Anfangs hatte sich jeder in der Truppe darum gerissen, die Stelle des Aufkäufers einnehmen zu dürfen. Nun aber war man froh darüber, dass die Wahl auf den Kollegen gefallen war.

Es ging bereits auf den Morgen zu, als endlich auch der

Anhänger vollständig beladen war. Mehr als dreihundert Kartons mussten in den Kellerräumen zurückbleiben. Sie hatten keinen Platz mehr auf der Ladefläche und sollten zu einem späteren Zeitpunkt abgeholt werden. Über das Autotelefon rief der V-Mann seinen Geldboten – natürlich ein Beamter von uns – an und meldete Vollzug. Daraufhin setzte der sich in Marsch. Nachdem er das Geld dem Rechtsanwalt persönlich ausgehändigt und dieser in seinem Beisein telefonisch den Empfang bestätigt und damit die Ware freigegeben hatte, traten wir in Aktion. Zeitgleich wurden außer der Rechtsanwaltskanzlei – diese im Beisein eines Staatsanwaltes – fünf weitere Objekte in München und Chemnitz durchsucht und sechs Personen vorläufig festgenommen, denen dann noch acht weitere folgen sollten. Die abschließenden Ermittlungen führte eine Kollegin, da ich am Tag darauf bereits einen anderen Vorgang zugewiesen bekam, der wegen seiner Ausmaße die Gründung einer eigenen Soko erforderlich machte.

Die Krankenhausmafia

An diesem kalten Dezembertag 1993 wurde ich von unserem Inspektionsleiter gebeten, mich mit dem Verwaltungsdirektor eines namhaften Münchner Krankenhauses in Verbindung zu setzen. Es ging um Diebstahl im großen Stil. Kurze Zeit später saßen ein Kollege und ich drei Herren gegenüber, die uns in knappen Worten berichteten, dass sich in ihrem Krankenhaus vermutlich eine Diebesbande breitgemacht habe. Einer vertraulichen Mitteilung zufolge gehörten ihr bis zu vierzig Personen an, ihr Unwesen treibe sie bereits seit vielen Jahren. Der dadurch entstandene Schaden belaufe sich möglicherweise auf einige Millionen Euro. Die Diebstähle würden vor allem im Bereich der Warenlager verübt und von einer jugoslawischen Vorarbeiterin, Ivana L., aus der Krankenhausküche organisiert. Mehr könne man nicht sagen, der Mitteiler sei nicht bereit, mit der Polizei zu reden.

Auf meine Frage wurde bestätigt, dass tatsächlich hin und wieder Verschiedenes aus den Lagerräumen auf unerklärliche Weise verschwunden war; Anhaltspunkte für eine organisierte Bande habe man jedoch nicht gefunden. Wegen der bisher festgestellten Diebstähle habe man noch nichts unternommen, niemand habe doch gern die Polizei im Haus. Wie mir die Herren weiter versicherten, sei man jedoch außerordentlich daran interessiert, die Vorwürfe zu untersuchen und – sollten sie sich als zutreffend erweisen – mit aller Konsequenz gegen die Täter vorzugehen. Selbstverständlich wolle man die Polizei nach besten Kräften unterstützen, um die Sache so rasch wie möglich aufzuklären. So etwas hört man als Ermittler natürlich gern. Da unser erster und wichtigster Anhaltspunkt die Vorarbeiterin war, vereinbarten wir mit Billigung der Staatsanwaltschaft, Ivana L. zunächst für einen Zeitraum von drei Monaten zu observieren, um – so hofften wir – Mittäter ausfindig zu machen. Die Krankenhausleitung erklärte sich ausdrücklich damit einverstanden, bei weiteren Straftaten der Dame stillzuhalten und möglicherweise dadurch entstehende Verluste in Kauf zu nehmen, um die ganze Bande zur Strecke bringen zu können. Wir verabschiedeten uns in der Überzeugung, zuverlässige Partner für unsere Ermittlungen gefunden zu haben.

Wir gründeten eine kleine »Soko Krankenhaus«, der außer mir noch zwei weitere Kollegen angehörten. Unsere Vorgehensweise besprachen wir mit den Beamten einer Observationseinheit, die die Verdächtige beobachten würden. Kurz vor Weihnachten begann die Observation. Sehr bald schon stellten die Kollegen fest, dass Ivana L. tagsüber wiederholt während ihrer Arbeitszeit das Krankenhaus verließ und dabei prall gefüllte Müllsäcke am Pförtner vorbei aus dem Haus schaffte. Der war an diesen Anblick scheinbar gewöhnt, denn er würdigte die Dame keines Blickes. Ivana L. schleppte die Säcke über die Straße in ein Wohnhaus, in dem sie Mieterin war. Diese Nähe war praktisch, noch viel praktischer aber war ein großer, abschließbarer Raum mit einem voluminösen Kühlschrank im Bereich der Krankenhauskantine. Während der verdeckten Beobachtung wurde mehrfach festgestellt, dass Ivana L. diesen Raum mit leeren Händen betrat und gleich darauf wieder mit vollen Plastiksäcken verließ, die sie in ihre Wohnung trug.

Unsere Nachfrage bei der Krankenhausverwaltung ergab, dass dieser Raum vor etlichen Jahren auf Betreiben des Küchenchefs der Vorarbeiterin Ivana L. zur Verfügung gestellt worden war. Da die Küche, die täglich mehrere Tausend Mahlzeiten herstellte, über genügend Stauraum verfügte, habe man sich gewundert, was denn dort gelagert werden sollte. Jedoch habe man dieser Frage keine besondere Bedeutung beigemessen. Bis heute wisse man nicht, was es mit diesem Raum auf sich habe. Ich beschloss, dieses Geheimnis zu lüften.

Die Kollegen der Observation verstanden ihr Handwerk. Bereits nach einer Woche hatten sie vier Mittäterinnen bei Straftaten beobachten und identifizieren können. Diese vier Damen stellten in besagtem Lagerraum gefüllte Tüten ab, die Ivana L. kurz darauf abholte. Der Raum diente also offenkundig als Zwischenlager! Die Ermittlungen liefen vielversprechend an und wurden auch über die Weihnachtstage fortgesetzt. Da erhielt ich am zweiten Feiertag einen Anruf von einem Kollegen, der mit der Observation betraut war. Ob mir bekannt sei, dass die Hauptbeschuldigte soeben beim Diebstahl von Küchenschwämmen im Wert von unter zwanzig Euro ertappt worden sei und der Verwaltungsdirektor ihr die fristlose Kündigung ausgesprochen habe? Ich traute meinen Ohren nicht: Wir hatten doch in enger Abstimmung zur Staatsanwaltschaft mit dem Verwaltungsdirektor ausdrücklich besprochen, bei einzelnen Straftaten nicht einzuschreiten, um das Ermittlungsziel nicht zu gefährden. Ich fuhr sofort in das Krankenhaus und musste feststellen, dass der Anrufer recht gehabt hatte. Als ich den Verwaltungsdirektor zur Rede stellte, erklärte er, er habe sich »aus Gründen der Gleichbehandlung aller Mitarbeiter« und in Absprache mit einem Rechtsanwalt dazu verpflichtet gefühlt, Ivana L. fristlos zu entlassen. Leider habe er keine Zeit gefunden, mich vorab zu informieren.

Unter normalen Umständen hätte ich für sein Verhalten nur eine Erklärung gehabt: dass er nämlich selbst in irgendeiner Weise mit den Diebstählen zu tun hatte und nun die Notbremse zog, um den Schaden – sprich, die strafrechtlichen Folgen – zu begrenzen. In diesem speziellen Fall aber schien der Beweggrund für dieses verantwortungslose und absprachewidrige Verhalten wohl eher in der Absicht zu liegen, den nachweisbaren Schaden so gering wie möglich zu halten, um seine eigenen Versäumnisse und Schlampereien in den vergangenen Jahren zu beschönigen. Damit drohten alle weiteren Ermittlungen zu scheitern. Ich war – gelinde gesagt – stinksauer!

Immerhin gelang es dank meines Informanten, die Beschuldigte noch im Krankenhaus vorläufig festzunehmen und eine Wohnungsdurchsuchung bei ihr durchzuführen, ehe sie etwas beiseiteschaffen konnte. Die Durchsuchung erbrachte diverse Gegenstände, die sich Straftaten zuordnen ließen. Die folgenden Wochen und Monate verbrachte unsere Soko unter anderem damit, Zeugen zu vernehmen und schließlich auch die vier verdächtigen Mitarbeiterinnen. Was uns die Damen dabei erzählten, klang unglaublich. Seit vermutlich mindestens fünfzehn Jahren stahl Ivana L. im Krankenhaus alles, was sie irgendwie erbeuten konnte. Zunächst im kleinen Stil, bald aber freundete sie sich mit dem Küchenchef an und unterhielt mit ihm ein intimes Verhältnis. Der gestattete ihr, aus seinem Verantwortungsbereich mitzunehmen, was immer ihr Herz begehrte. Wenn sich Mitarbeiterinnen an ihn wandten und sich über das verdächtige Verhalten seiner Freundin beschwerten, sorgte er dafür, dass ihnen unter irgendeinem Vorwand gekündigt wurde. Insgesamt seien deshalb bereits neunzehn Küchenangestellte entlassen worden. Bald stiftete Ivana L. auch Kolleginnen aus anderen Krankenhausbereichen zum Diebstahl an. Die »Umverteilung« der Waren innerhalb des Krankenhauses erregte keinerlei Verdacht und so war das Risiko für die anderen gleich null. Die Abholung besorgte anfangs Ivana L., die bei Bedarf ihren Wagen für den Transport größerer Warenmengen direkt neben der Küche parkte und mit der Billigung ihres Chefs dort die Sachen gefahrlos in den Kofferraum laden konnte.

Da es im Krankenhaus kein Konzept zur Diebstahlprävention gab und es damit auch an wirksamen Kontrollen mangelte, blieb dieses Treiben über all die Jahre unbemerkt! Nach und nach hatte sich die Zahl der Täterinnen auf insgesamt dreiundzwanzig Personen erhöht. Dabei hatte die Initiatorin des schwunghaften Nebenerwerbs eine Methode gefunden, in ihrem Sinne »zuverlässige« Mittäterinnen anzuwerben. Bewerberinnen für einen Küchenjob bekamen ihn nur dann, wenn sie sich vom Küchenchef in einer Art und Weise fotografieren ließen, die im doppelten Sinne des Wortes deutlich unter die Gürtellinie ging. Dafür erhielten sie im Anschluss an das Fotoshooting auch gleich die Erlaubnis, nach Belieben Diebstähle zu verüben. Die spätere Durchsuchung bei dem Beschuldigten förderte eine Kassette mit Detailaufnahmen von mindestens vierzig verschiedenen Damen zutage, wobei wir darauf verzichteten, die zugehörigen Gesichter zu ermitteln.

Zum Kreis der Mittäterinnen gehörten unter anderem die Vorarbeiterinnen aus dem Lebensmittel-, Putzmittel-, dem Windel- und Wäschelager. Dazu muss man wissen, dass die Lagerräume eines Krankenhauses dieser Größenordnung denen gut sortierter Kaufhäuser entsprechen. Kilometerlange unterirdische Gänge, auf denen die Mitarbeiter auf Fahrrädern oder in Elektrofahrzeugen unterwegs sind, verbinden die einzelnen Bereiche. Nachdem wir mittlerweile die Namen von neun weiteren Hauptbeteiligten in Erfahrung gebracht hatten, beantragten wir Durchsuchungsbeschlüsse für diese Beschuldigten. Die Durchsuchungen fanden zeitgleich statt, und wir konnten Diebesgut in erheblichem Umfang sicherstellen. Bei der Vernehmung zeigten sich die meisten voll geständig, sodass noch am selben Tag die Wohnungen weiterer Mittäter durchsucht werden konnten. Gegen fünf der Beschuldigten erließ der Ermittlungsrichter Haftbefehle.

Das Vorgehen der Bande, das sich aufgrund der übereinstimmenden Aussagen herauskristallisierte, ließ an Dreistigkeit nichts zu wünschen übrig. Die Taten, die sich ja über einen Zeitraum von mehr als fünfzehn Jahren erstreckt hatten, waren so zahlreich, dass wir sie nach Delikten bündeln und zusammenfassen mussten. So bildeten wir letztlich fünfundachtzig Anzeigenkomplexe mit jeweils bis zu tausend Taten. Die Täter – mit zwei Ausnahmen ausschließlich Frauen – hatten mehrmals täglich Diebesgut in dem Lagerraum deponiert, zu dem außer ihnen niemand einen passenden Schlüssel hatte. In ihrem jeweiligen Verantwortungsbereich konnten sie aus dem Vollen schöpfen. Im Wäschelager beispielsweise gab es massenweise Bett- und Tischwäsche, Frotteetücher, Arbeits-, Säuglings- und Kinderbekleidung. Das Windellager führte alles im Angebot, was aus einem streng riechenden und quengelnden Säugling einen zufriedenen Wonneproppen macht. Das Putzmittellager erstreckte sich über mehrere Hallen und bot sämtliche gängigen Reinigungsmittel, aber auch Staubsauger oder Bohnermaschinen. Das Lebensmittellager stand dem Angebot eines normalen Großhandelsunternehmens in nichts nach. Zugang hatte die Bande aber auch zu Verbandsmaterial, Desinfektionsmitteln, Rollstühlen oder Gehhilfen und zu tausend andern Dingen, die für eine medizinische Versorgung notwendig sind. Last but not least verfügte das Krankenhaus über eine riesige Auswahl an Küchengerätschaften, also Edelstahltöpfen, Besteck, Geschirr, Küchenmaschinen, Servierwagen und Gläsern in allen Varianten. Für besondere Anlässe wie Tagungen oder Feierlichkeiten gab es auch hochwertiges Porzellan, Kristallgläser und edles Besteck.

Keine der beteiligten Damen hatte zu befürchten, dass bei einer Revision Fehlbestände auffallen könnten. Die unglaubliche Schlamperei des Krankenhauses in Bezug auf Waren lässt sich etwa am Beispiel der Anlieferung von Windeln verdeutlichen: Ein Sattelzug lieferte dreißig Tonnen Windeln, der Fahrer lud die Kartons an einem überdachten

Platz neben einem Lastenaufzug ab. Dann machte er sich auf den Weg durch die unterirdischen Katakomben bis zum Windellager, wo er sich von der Vorarbeiterin den Lieferschein unterschreiben ließ. Diese heftete die Durchschrift in einem Leitzordner ab. Irgendwann einmal – oft erst Tage später – ließ die Frau die Windeln dann in ihr Lager transportieren. Niemand kontrollierte die Lieferung, weder beim Abladen vom Lkw noch beim Transport ins Lager. Neue Windeln bestellte die Vorarbeiterin über die Verwaltung. Niemand überprüfte, ob die bestellten Warenmengen mit den tatsächlich verbrauchten korrespondierten! Rechnungen wurden beglichen, ohne dass irgendjemand nachgefragt hätte, ob die Lieferung ordnungsgemäß, ja, ob sie überhaupt erfolgt war. In der Zeit, in der die Ware unter einem Vordach im Freien lagerte, hätte jedermann von dort etwas wegnehmen können, ohne dass dies aufgefallen wäre.

Bei der Überprüfung eines weiteren Lagers fiel mir auf, dass sich dort nur die Lieferscheine der letzten beiden Jahre fanden und nicht, wie im Windellager, aus den letzten zehn Jahren. Die Antwort, die ich auf meine Nachfrage erhielt, machte erneut deutlich, dass die Steuergelder in diesem Krankenhaus besonders gut angelegt waren. »Wissen Sie, das Wandbrett, auf dem die Ordner standen, war zu dünn und ist eines Tages unter dem Gewicht zusammengebrochen. Da habe ich die alten Ordner einfach in den Müll geworfen.«

In den ersten Jahren hatte Ivana L. mehrmals täglich Diebesgut in ihr Fahrzeug verladen und nach Dienstschluss nach Hause transportiert. Von dort hatten ihr Sohn, ihre Tochter und deren Ehegatte die Ware abgeholt und in ihre Heimat Jugoslawien gebracht. Einen Teil des Diebesgutes gab die Familie auch an die Mittäterinnen ab. Zunächst erfolgte der Transport nach Jugoslawien mit Privatautos, als die Mengen jedoch ständig zunahmen, beschaffte man sich Lieferfahrzeuge und schließlich einen eigenen Lkw. Irgendwann einmal ging die Familie dazu über, das Diebesgut nicht länger umständlich in die Wohnung von Ivana L. zu schleppen. Nun fuhren der Sohn oder der Schwiegersohn alle sieben bis zehn Tage mit dem Lkw direkt an der Krankenhausküche vor. Die Häufigkeit der Transporte bestimmte sich dabei nach der Lagerkapazität des Raumes. Sobald dieser gefüllt war, erschien der Lkw!

In den ersten Jahren verschlangen die Zölle an der österreichisch-jugoslawischen Grenze einen Teil des illegalen Gewinns. Bald aber ersann und schuf die Familie Abhilfe: Die jüngste Tochter von Ivana L. ließ sich beim jugoslawischen Zoll anstellen. Die Wahrscheinlichkeit, nach ihrer Ausbildung an die Grenze zwischen Jugoslawien und Österreich versetzt zu werden, war groß, da sich keiner der jungen Zollanwärter darum riss, an diesem tristen Außenposten am – aus jugoslawischer Sicht – »Ende der Welt« Dienst zu verrichten. Überdies nahm der legendäre Autoput dort seinen Anfang und Millionen von Durchreisenden aus den südlichen Balkanstaaten verursachten viel Arbeit. Der Plan der jungen Zöllnerin ging auf. Fortan fanden die Transporte immer dann statt, wenn die Tochter Dienst hatte – und die lästigen Zölle gehörten der Vergangenheit an.

Natürlich interessierte uns besonders, was die Familie denn mit all den gestohlenen Sachen in Jugoslawien gemacht hatte. Nun, das ist rasch erzählt. Zunächst hatten sie einen kleinen, bescheidenen Gemischtwarenladen übernommen und das Diebesgut, vor allem Textilien, Geschirr, Küchengeräte und Verbandsmaterialien, zu handelsüblichen Preisen umgesetzt. Zwei Angestellte sorgten dafür, dass die Familienmitglieder unterdessen ihren lukrativen Nebenbeschäftigungen weiter ungestört nachgehen konnten. Bald schon warf das Unternehmen dank der außergewöhnlich günstigen »Einkaufskonditionen« beachtliche

Gewinne ab. Diese investierte die geschäftstüchtige Ivana L. nach und nach in drei Eigentumswohnungen in bester Lage, die luxuriös ausgestattet wurden. Der Schwiegersohn erhielt eine große Geflügelfarm mit einem angeschlossenen Restaurant, das aus den Beständen des Krankenhauses mit allen erforderlichen Küchengeräten ausgestattet wurde, darunter vier verchromte Rollwägen, fünfzig Edelstahltöpfe und zehntausend Besteckteile.

Als die Tochter von Ivana L. in Jugoslawien heiratete, lud man vierhundert Gäste ein. Vom Speiseservice und der Tischwäsche bis hin zu den Lebensmitteln und Getränken stammte alles aus dem Münchner Krankenhaus. Bei der Hochzeit des Sohnes kurz darauf wiederholte sich der Vorgang. Allerdings hatte das Krankenhaus diesmal richtigen Dusel – es waren nur zweihundertfünfzig Gäste geladen.

Schließlich fanden wir bei unseren Ermittlungen noch heraus, dass Ivana L. seit vielen Jahren nebenberuflich als Vorarbeiterin bei einer Münchner Reinigungsfirma tätig gewesen war – die rund die Hälfte des benötigten Reinigungsmaterials über sie bezog. Es versteht sich von selbst, dass wir diesem Unternehmen kurz darauf einen Besuch abstatteten. Der Wert der von uns noch sichergestellten Waren bzw. der für den Ermittlungszeitraum von fünf Monaten konkret nachweisbare Schaden betrug über hunderttausend Euro. Nach den Aussagen der Beschuldigten und einer Hochrechnung für den Zeitraum von mindestens fünfzehn Jahren lag der tatsächliche entstandene Schaden jedoch bei mindestens 2,8 Millionen Euro, vermutlich aber noch deutlich darüber.

Nachdem unsere Ermittlungen abgeschlossen und in den Medien die unglaublichen Zustände in dem Krankenhaus angeprangert worden waren, wurde seitens der Stadt München beschlossen, dass alle städtischen Krankenhäuser zukünftig für ihr Budget selbst verantwortlich sein sollten –

ein wahrer Glücksfall für die Steuerzahler. Ich war dann aber doch recht verwundert, als ich in der Zeitung las, dass der zuständige Verwaltungsdirektor auf die Frage, ob er für diesen Skandal verantwortlich gemacht werden könne, meinte, ganz im Gegenteil: Der Oberbürgermeister müsse ihn für seine Verdienste bei der Aufklärung mit einem Orden belohnen. Ich wage fast zu bezweifeln, dass er den bekommen hat.

»Mama ist doch krank«

Wie auch im vorangegangenen Fall erwähnt, gehören Durchsuchungen zum Alltag im Polizeidienst. Neben dem Festnahmerecht ist die Befugnis, unter bestimmten Voraussetzungen Wohnungen oder Geschäftsräume betreten und durchsuchen zu dürfen, eine der wichtigsten – und zugleich für die Betroffenen unangenehmsten – polizeilichen Eingriffsbefugnisse.

Was sich hinter manch einer unscheinbaren Tür so alles verbergen kann, mögen – stellvertretend für viele hundert Durchsuchungen, die ich während meiner mehr als 35-jährigen Berufslaufbahn in fremden Wohnungen durchgeführt habe – folgende zwei Beispiele veranschaulichen, die sich mir besonders eingeprägt haben.

In dem einen Fall handelte es sich um eine Wohnungsdurchsuchung bei einer circa vierzigjährigen Frau, die am Stadtrand von München in einer Sozialwohnung lebte. Sie stand in dem dringenden Verdacht, ihren minderjährigen Sohn zum Diebstahl angestiftet zu haben. Gegenüber einer Nachbarin hatte sie einmal in betrunkenem Zustand geprahlt, dass ihr Sohn in einem nahe gelegenen Supermarkt Geldbörsen aus Einkaufstaschen klaue, und diese hatte die Information an die Polizei weitergegeben. Nachdem sich in den letzten Monaten in diesem Geschäft tatsächlich entsprechende Diebstähle gehäuft hatten, hatten wir beim zuständigen Gericht einen Durchsuchungs- und Beschlagnahmebeschluss erwirkt. Nun stand ich mit einem Kollegen und einem Gemeindebeamten als Durchsuchungszeugen kurz nach sechs Uhr morgens vor der Wohnung der Verdächtigen, in der sie mit ihren beiden neun und elf Jahre alten Söhnen lebte. Auf unser Klingeln hin wurde nach wenigen Augenblicken die Tür einen kleinen Spalt weit geöffnet. Ein blasser, hagerer Junge blickte uns scheu und zugleich fragend aus traurigen Augen an. Ich hielt ihm meinen Dienstausweis entgegen und erklärte dazu, dass wir von der Polizei seien – ob denn seine Mama zu Hause sei. Der Junge zögerte, man konnte ihm ansehen, dass er mit der Situation nicht klarkam. Noch während ich meine Frage freundlich wiederholte, erklang aus der Wohnung die laute und hörbar angetrunkene Stimme einer Frau. »Verdammt, was ist denn da los? Mit wem quatschst du da?« Als der Junge kaum hörbar antwortete, dass die Polizei sie sprechen wolle, ertönte eine wahre Schimpfkanonade, gekrönt von der unfreundlichen Aufforderung, der Junge solle die »Scheißbullen« zum Teufel jagen.

Nun hielt ich es für an der Zeit, mit sanftem Druck die Tür weiter zu öffnen und die Wohnung zu betreten. Der Anblick, der sich mir gleich darauf bot, verschlug mir für einen Augenblick die Sprache. Ein schmaler Gang führte zu einem Raum, der irgendwann mal vermutlich das Wohnzimmer gewesen war. Keine zwei Meter hinter der Tür stand ein uralter Armlehnensessel, in welchem eine verwahrloste Frau undefinierbaren Alters thronte. Bekleidet war sie mit völlig verdreckten, löcherigen Fetzen, die ihren unförmigen Körper kaum verhüllten. Wenn dieser Anblick an sich schon geeignet war, Unwohlsein und Befremden auszulösen, so stellte das Zimmer selbst alles in den Schatten, was ich bis dato als menschliche Behausung erblickt hatte. Bis zur Höhe der Rückenlehne des Sessels war der dahinterliegende Raum komplett mit Unrat, leeren Schnapsflaschen, Müll, Speiseresten und vor Schmutz starrenden Textilien gefüllt. Dieser ätzend stinkende Abfallhaufen fiel vor dem Sessel der Frau steil ab, hier waren im Halbkreis eine Vielzahl leerer Cognacflaschen aufgereiht. Damit schrumpfte die betretbare Fläche des Zimmers auf maximal zwei Quadratmeter zusammen. Im Inneren dieses Müllcontainers herrschte ein diffuses Zwielicht. Nachdem unsere Augen sich daran gewöhnt hatten, erkannten wir, dass auf allem eine undefinierbare gräulich-weiße Schicht lagerte, so als wäre nach einem Vulkanausbruch Asche herniedergeregnet. Im nächsten Augenblick aber wurde uns klar, dass es sich um die Hinterlassenschaften zweier Meerkatzen und zweier großer Papageien handelte. Fast zeitgleich bemerkten wir einen zweiten Jungen, der sich ängstlich im Gang an die Wand drückte. Fassungslos starrten wir auf das unwirklich anmutende Szenario. War es tatsächlich möglich, dass die Kinder in dieser Höhle hausten? Mein Kollege nahm die beiden Jungen mit nach draußen zu unserem Dienstwagen, von wo aus er das Jugendamt und den zuständigen Sozialdienst alarmierte.

Was wir dann kurze Zeit später über eine Kinderpsychologin herausfanden, rührte nicht nur die Zartbesaiteten unter uns fast zu Tränen. Seit Jahren war die Mutter dem Schnaps verfallen. Sie vernachlässigte die Wohnung und ihre Kinder mit zunehmendem Alkoholmissbrauch immer mehr, bis sie schließlich nicht mehr in der Lage war, auch nur das Geringste im Haushalt zu erledigen. Ihr Leben bestand schon seit vielen Monaten vor allem darin, in besagtem Sessel zu sitzen und Schnaps zu trinken oder diesen mühsam aus einem benachbarten Getränkehandel zu holen. Wenn sie sich dazu in der Lage fühlte, suchte sie zur Verrichtung ihrer Notdurft die Toilette auf, ansonsten nahm sie immer öfter mit dem Sessel vorlieb. Der Elfjährige hatte für seinen kleinen Bruder daher notgedrungen die Rolle der Mutter übernommen. Tapfer bemühte er sich nach besten Kräften, das Kinderzimmer und die Küche wenigstens notdürftig bewohnbar zu halten. Die wenigen Kleidungsstücke, die ihnen noch passten, wusch er regelmäßig mit der Hand und schaffte es so, dass man ihm und seinem Bruder in der Schule nicht anmerkte, in welchem Elend sie lebten.

Er kochte für die Familie so gut er es vermochte und sorgte dafür, dass sein kleiner Bruder jeden Tag eine bescheidene Brotzeit mit in die Schule nehmen konnte, die er sich oft genug vom Munde abgespart hatte. Da die Mutter längst unfähig war, zu irgendeiner Behörde zu gehen, um für sich und ihre Kinder um Hilfe zu bitten, erfuhr niemand von den menschenunwürdigen Zuständen, in denen die beiden Kinder aufwuchsen. Die Leistungen des Sozialamtes und das Kindergeld wurden vor allem in alkoholische Getränke und minderwertiges Tierfutter angelegt. Irgendwann war die finanzielle Notlage so erdrückend, dass der Elfjährige begann, Lebensmittel im Supermarkt zu entwenden. Die Mutter bekam dies schließlich mit und verlangte von ihrem Sohn, Geldbeutel zu stehlen, damit sie ihren steigenden Alkohol- und Zigarettenbedarf decken konnte.

Obwohl den Jungen schreckliche Gewissensbisse plagten, folgte er aus seiner Not heraus und vor Sorge um seinen kleinen Bruder. Abgrundtiefe Scham davor, jemandem zu offenbaren, unter welch erbärmlichen Umständen sie hausten, und die Angst vor Strafe und vor der Wut seiner Mutter, an der er trotz allem hing, hatten ihn davon abgehalten, sich seiner Lehrerin anzuvertrauen; und das, obwohl er sich dies, wie er mit leiser Stimme berichtete, immer wieder fest vorgenommen hatte. In der Schule war aufgefallen, dass die Leistungen der beiden Kinder zunehmend nachließen und keiner der beiden zu anderen Kindern näheren Kontakt unterhielt. Sie standen in der Pause meist abseits und beteiligten sich nicht an Spielen. Auch erschien es auffällig, dass sie keiner Einladung zu Geburtstagsfeiern folgten und noch nie ein Mitschüler bei den beiden zu Hause gewesen war. Man hatte dem Elfjährigen daher eines Tages ein Schreiben für seine Mutter mitgegeben, in dem man sie zum Besuch der Sprechstunde aufforderte. Der Junge hatte tags darauf erklärt, seine Mutter könne wegen einer schweren

Erkrankung nicht kommen. Auf die besorgte Nachfrage der Lehrerin hatte er geantwortet, dass die Oma da sei und sich um alles kümmere.

Damit hatte man sich zunächst zwar zufriedengegeben, wollte aber das geplante Gespräch mit der Mutter nicht allzu lange hinausschieben. Nun waren wir der Schule zuvorgekommen. Das Sorgerecht der Mutter wurde bis auf Weiteres dem Jugendamt übertragen und ihre beiden Söhne bei einer Pflegefamilie untergebracht. Die Frau unterzog sich einer Alkoholtherapie, die Tiere kamen ins Tierheim und die Wohnung wurde von einer Spezialfirma entrümpelt und desinfiziert. Bis heute aber habe ich das Bild des kleinen, blassen Jungen vor Augen, der sich – selbst noch ein Kind – so tapfer um seinen kleinen Bruder gesorgt hat. Als ich ihm sagte, wie prima wir alle es fänden, dass er sich so aufopfernd um seinen kleinen Bruder gekümmert hatte, sah er mich mit unendlich traurigen Augen an und meinte: »Mama ist doch krank.«

Die Essenseinladung

Wir waren gerade unterwegs auf Ermittlungen, als im Polizeifunk ein Kelleraufbruch ganz in unserer Nähe gemeldet wurde. Kaum zwei Minuten später stießen wir am Tatort auf den verunsichert wirkenden Fahrer eines Kleintransportunternehmens sowie einen verärgerten und aufgeregten Mann, dem – wie sich herausstellte – das Kellerabteil gehörte und der den »Einbrecher« auf frischer Tat ertappt hatte. Rasch konnten wir in Erfahrung bringen, dass eine Frau die Firma telefonisch beauftragt hatte, »ihren« Keller aufzubrechen und alles darin Befindliche auf den Müll zu schaffen, da sich in den Gegenständen »das Böse« eingenistet habe. Als der Fahrer bei ihr läutete, beschrieb sie ihm die Lage des Kellerabteils genau und gab ihm einen Kellerschlüssel mit. Den Schlüssel zu ihrem Abteil habe ihr »der Böse« weggenommen, weshalb sie verlangte, das Vorhängeschloss gewaltsam zu öffnen. Irgendwie habe die Frau auf ihn einen merkwürdigen Eindruck gemacht, aber schließlich sei es ja nicht verboten, einen »Vogel« zu haben.

Auch der rechtmäßige Mieter bestätigte, dass die Frau psychisch auffällig sei. Seit ihrer Scheidung vor mehr als zwanzig Jahren wohne sie allein in der großzügig geschnittenen Fünfzimmeraltbauwohnung. Ihr Ehemann, ein wohlhabender Architekt, habe bei der Trennung das Sorgerecht für die beiden damals etwa sechsjährigen Jungen zugesprochen bekommen. Seit der Zeit habe sie zu keinem anderen Hausbewohner mehr Kontakt gehabt, und er habe noch nie gesehen oder gehört, dass sie Besuch bekommen hätte. Vielmehr sei sie sorgfältig darauf bedacht, dass niemand einen zufälligen Blick in ihre Wohnung werfen könne. Sie sei nicht berufstätig, gehe aber regelmäßig einkaufen. Wegen ihres merkwürdigen Verhaltens sei sie in der ganzen Nachbarschaft als Sonderling verschrien, und niemand könne sich recht erklären, was sie den ganzen Tag so treibe und warum sie niemand in ihre Wohnung lasse.

Daraufhin begaben wir uns in den vierten Stock des schön renovierten Altbaus. Nach mehrfachem Klingeln und schließlich längerem lautstarkem Klopfen und Rufen wurde die Tür einen schmalen Spalt weit bei vorgelegter Türkette geöffnet. Das von strähnigen, grauen Haaren eingerahmte Gesicht einer schätzungsweise fünfzig Jahre alten Frau schob sich in den Türspalt, sie musterte uns misstrauisch. Mit den Worten »Ich brauche nichts« wollte sie die Tür gleich wieder schließen. Das verhinderte ich, indem ich meinen Fuß dazwischenstellte. Mein Kollege und ich wiesen uns als Polizeibeamte aus und forderten die Frau auf, die Tür ganz zu öffnen. Noch während des kurzen Disputes schlug uns aus der Wohnung ein Geruch entgegen, der mich sofort elektrisierte: der Geruch nach Fäulnis und Verwesung. Dieser Geruch ist so typisch und unverwechselbar, dass ich auf eine unangenehme Überraschung gefasst war. In Verbindung mit dem merkwürdigen Auftrag, ein fremdes Kellerabteil aufzubrechen, um dessen Inhalt zu entsorgen, schien der jetzt bestialisch anschwellende Gestank nur einen Rückschluss zuzulassen: In der Wohnung lag vermutlich seit längerer Zeit eine Leiche!

Folgerichtig entschlossen wird uns, auf Gefahr im Verzug hin die Wohnung sofort zu durchsuchen. Es dauerte schier endlos lang, bis ich die Frau dazu bewegen konnte, die Kette auszuhängen und uns einzulassen. Erst mein nachdrücklicher Hinweis darauf, dass wir die Tür sonst gewaltsam öffnen müssten, überzeugte die Frau schließlich davon, dass ihr keine andere Wahl blieb. In der Wohnung bot sich uns ein unglaublicher Anblick: Der lange und sehr hohe Flur war beiderseits bis zur Decke mit mehreren Reihen 500-Gramm-Bechern einer bekannten Margarinenmarke vollgestellt. Sogar über den vom Flur abzweigenden Zimmertüren standen auf Wandbrettern diese Becher. Es war, als würde man durch einen Margarinetunnel schreiten. Und gleich im ersten Zimmer folgte die nächste Überraschung: Hier waren vermutlich weit mehr als tausend Baguettes deckenhoch gestapelt. Die wenigen Möbel im Raum waren hinter den Weißbrotbergen kaum noch zu sehen. Lediglich ein schmaler Korridor von der Zimmertür bis zur Fensterfront war noch frei geblieben. So beeindruckend der Anblick dieser Sammlung auch war, erkannten wir unschwer, dass der ätzende Verwesungsgeruch nicht aus diesem Raum stammte. Und auch nicht aus dem nächsten, in dem gigantische Stapel von Plastiktüten gehortet waren.

Wir näherten uns der offenen Küchentür. Hier wurde der Geruch unerträglich. Und dann entdeckten wir die Quelle des Gestanks, aber wir wollten unseren Augen kaum trauen: Auf beiden Seiten der vier Meter langen und drei Meter breiten Küche verliefen Arbeitsplatten. Und auf diesen lag bis zu einer Höhe von etwa einem halben Meter – Fleisch! Unvorstellbare Mengen in allen denkbaren Verwesungsstadien, umschwirrt von einer Armada von Aasfliegen, bedeckt von krabbelnden Maden, Larven und sonstigem Getier und eingehüllt in einen unbeschreiblichen, bestialischen Gestank! Die Frau ging zwischen uns hindurch, griff nach einer Plastiktüte und entnahm fünf Schnitzel.

Entschuldigend blickte sie uns an: »Ich habe nicht aufgeräumt, wissen Sie, ich war nicht auf Besuch eingestellt. Ich bereite gerade das Mittagessen vor. Mein Mann ist mit den Kindern auf dem Spielplatz. Sie müssten aber jeden Moment zurückkommen. Ich würde mich sehr freuen, wenn Sie zum Essen dableiben würden.« Noch nie ist es mir so leichtgefallen, eine Einladung zum Essen auszuschlagen …

Meines Wissens war es der erste Einsatz des Seuchenzuges der Stadt München seit unzähligen Jahren, den wir mit unserer Entdeckung auslösten. Es dauerte Wochen, bis die Männer in ihren Schutzanzügen und mit Sauerstoffgeräten die Wohnung geräumt und entkernt hatten. Seit Jahren hatten die Bewohner des vornehmen Anwesens immer wieder erfolglos versucht, die Quelle des Gestanks zu lokalisieren. Man hatte die Regenabläufe und die Hauptstränge der Kanalisation aufwändig saniert und andere Maßnahmen ergriffen – doch alles vergeblich. Niemand war auf den Gedanken verfallen, dass der Gestank aus einer Wohnung stammen könnte.

Die Frau wurde in eine psychiatrische Klinik eingewiesen. Dort kam man dem Geheimnis ihres merkwürdigen Sammelverhaltens auf die Spur. Die Trennung von ihren Kindern und ihrem Mann hatte bei ihr ein Trauma verursacht, das seither ihr gesamtes Leben beherrschte. Sie litt unter der Zwangsvorstellung, dass ihre Familie zu ihr zurückkehren würde, wenn sie nur ihr Lieblingsessen kochen würde. Und so ging sie seit mehr als zwanzig Jahren jeden Tag immer wieder zum Einkaufen und besorgte die Zutaten für das Versöhnungsmahl, die sie dann in der Wohnung ablegte. Die finanziellen Mittel dazu hatte sie, da ihr Exmann ihr jeden Monat eine stattliche Summe für die Miete und den Unterhalt überwies. Den direkten Kontakt zu der psychisch kranken Frau hatte er mit Rücksicht auf das Wohl seiner Söhne abgebrochen.

Der »Kaiser« und die Kaffeekanne

Zum Glück sind nicht immer alle Einladungen, die einem im Laufe eines Dienstlebens zuteilwerden, von solch unappetitlichen Begleitumständen gesäumt wie die eben geschilderte. Als mir an einem schönen Hochsommertag unsere Vermittlung einen Anrufer durchstellte, der wegen einer Diebstahlserie fachkundigen Rat einholen wollte, ahnte ich nicht, dass auch dieser Fall mit einer Einladung zu tun haben würde, die mir unvergesslich bleiben sollte. Wie sich herausstellte, handelte es sich um den Leiter der Deutschlandzentrale eines japanischen Weltkonzerns auf dem Gebiet der Kommunikationselektronik. Der Herr, der sparsamen Verwendung des Buchstabens »R« zufolge ein Asiate, berichtete, dass es in seiner Niederlassung seit längerer Zeit immer wieder zu Diebstählen hochpreisiger Geräte gekommen sei. Man habe noch keine Anzeige erstattet, aber nun habe der oberste Boss des Unternehmens im fernen Japan Wind von der Sache bekommen und sein persönliches Erscheinen in München angekündigt.

Mein Gesprächspartner räumte ein, dass ihm der Gedanke, die ehrenwerte deutsche Polizei mit den Folgen seiner unzulänglichen Sicherheitsmaßnahmen zu belästigen, schlaflose Nächte bereitet habe. Aber angesichts der Tatsache, dass er aus eigenem und dem Bemühen seiner Mitarbeiter heraus keinen Weg gefunden habe, den unseligen Diebstählen zu begegnen, sehe er nun in der Unterstützung seitens unserer Dienststelle, deren guter Ruf ihm zu Ohren gekommen sei, seine letzte Hoffnung. Ich ergänzte im Stillen: um bei seinem obersten Herrn und Gebieter nicht vollends in Ungnade zu fallen.

Ich sagte ihm dies natürlich nicht, sondern erbot mich, eine Anzeige aufzunehmen und die erforderlichen Ermittlungen zu veranlassen. Der Anrufer wirkte sichtlich erleichtert, dennoch merkte ich, dass ihm noch etwas auf dem Herzen lag. Schließlich fragte er nach einer Reihe von Höflichkeitsbekundungen, wobei er sich wand wie ein Aal, ob es mir möglich wäre, am nächsten Tag in seiner Firma den Vorstandsvorsitzenden seines Konzerns zu treffen. Der habe darum gebeten, selbst mit dem Leiter der ermittelnden Polizeibehörde die Vorgehensweise abzusprechen. Mir drängte sich ein klein wenig der Verdacht auf, dass der oberste Vorsitzende wohl der örtlichen Geschäftsleitung die Kompetenz für eine erfolgreiche Bekämpfung der Diebesserie abgesprochen hatte. Nun ja. Pünktlich um 14 Uhr parkte ich tags darauf meinen Dienstwagen vor dem Unternehmen, wo er in dem Heer japanischer Pkws wie ein Fremdkörper wirkte. Eine Gruppe japanischer Mitarbeiter nahm mich an der Rezeption in Empfang, ihre ausgesprochen höfliche und freundliche Art machte ihrer fernöstlichen Herkunft alle Ehre. Man geleitete mich in einen großen Besprechungsraum. Die Größe, Pracht und Gediegenheit der Ausstattung machten mir schlagartig bewusst, dass es außerhalb meines eigenen 18-Quadratmeter-Zweimannbüros durchaus auch andere Plätze gab, an denen Arbeit Spaß machen konnte.

Irgendwo am anderen Ende der schier endlos langen Konferenztafel aus massivem, dunklem Edelholz erhob sich ein Mann und kam auf mich zu. Die Augen meiner Begleiter richteten sich ehrfürchtig auf den sich Nähernden, und als er unsere Gruppe erreicht hatte, verneigten sich alle in stummer Ehrfurcht vor ihrem Patron. Untertäniger hätte man selbst dem japanischen Kaiser nicht entgegentreten können. Wir begrüßten uns, und zu meiner großen Überraschung sprach der Firmenmagnat sehr gut Deutsch. Nach dem obligatorischen Austausch der Visitenkarten – warum nur wirkte meine so schäbig neben seiner? – durfte ich neben ihm Platz nehmen. Die Besprechung begann mit der Frage, ob ich einen Kaffee möchte. Ich bejahte dankend – nicht ahnend, dass damit das Verhängnis seinen Lauf nahm. Fast im selben Augenblick erschien wie auf ein geheimes Zeichen hin eine junge Dame durch eine der gepolsterten Doppeltüren und brachte ein großes, silbernes Tablett herbei. Darauf thronte fett eine ebenfalls silberne, überdimensionale Kaffeekanne, eingerahmt von Untertellern, Tassen, Löffeln, Servietten, Zuckerdöschen und Milchkännchen.

Und nun geschah etwas Unerhörtes, ja geradezu Unfassbares: Die junge Dame, die wohl ihrem obersten Brötchengeber noch nie so nahe gekommen war und die nun unter seinen kritischen Blicken in die erwartungsvolle Stille der erlauchten Runde eindrang, war durch die ihr widerfahrene Ehre wie paralysiert. Mit hochrotem Kopf stellte sie das volle Tablett direkt vor den kaisergleichen Herren aller Herren auf die glattgewienerte Tischfläche und entfernte sich, ohne die Tassen zu füllen, unter vielen Verbeugungen sofort wieder rückwärts aus dem Raum. Ich schaute ringsherum – innerlich leicht amüsiert – in fassungslose Antlitze. Was würden die Herren wohl unternehmen, um diesen unerhörten Fauxpas zu korrigieren? Wer würde sich ein Herz fassen und die peinliche Situation beenden? Doch niemand traute sich, es schien fast so, als würden alle die Luft anhalten. Einzig der Konzernleiter selbst erwies sich als Herr der Lage. Scheinbar ungerührt nahm er eine Tasse vom Tablett, lächelte mich fragend an und begann, nachdem ich dankend genickt hatte, mir Kaffee einzugießen. Während er mich unentwegt lächelnd anblickte, lief der Strahl des heißen Getränkes zielsicher in die kleine Tasse in seiner Hand. Irgendwann hatte der Strahl die Tasse gefüllt. Anstatt nun aber innezuhalten, veränderte der Kannengießer seine Haltung um kein Jota. Was zur Folge hatte, dass das dampfende Heißgetränk zunächst aus der Tasse strömte, um gleich darauf voller Freiheitsdrang die räumlichen Ge-

gebenheiten des Tablettes zu erkunden. Ich deutete mit dem Finger auf die übersprudelnde Köstlichkeit und versuchte, dem Gastgeber zu signalisieren, dass ich mit dem derzeitigen Füllstand meiner Tasse durchaus zufrieden sei. Doch hatte ich offensichtlich die japanische Gastfreundlichkeit unterschätzt. Denn ohne irgendeine Reaktion auf meinen Wink ließ der nette Herr dem Kaffee weiterhin freien Lauf. Rasch erwies sich, dass das Tablett zwar hübsch anzusehen war, dessen Designer jedoch die Bordwände deutlich zu niedrig gestaltet hatte. Denn bereits der geschätzte zweite Liter des Inhaltes der schier unerschöpflichen Silberkanne drängte nun über den Rand des Tablettes auf die Tischplatte. Ob die Ausstatter des Raumes die Platte wegen der speziellen Kaffeegewohnheiten des Konzernlenkers so großzügig gestaltet hatten? Ich war nicht wirklich sicher. Immer noch lief der Kaffee. Konnte es sein, dass Kaffeekannen in Japan einen automatischen Stopper hatten? Wie auch immer, man hatte es offenbar versäumt, den Herrscher über ein Imperium vollautomatischer Gerätschaften auf die Unart europäischer Kaffeekannen hinzuweisen, die lediglich für manuellen Betrieb ausgerüstet waren.

Gebannt verfolgten ein halbes Dutzend Augenpaare die Einlage ihres Bosses. Immer noch herrschte Totenstille, die unfreiwilligen Zuschauer des Spektakels saßen wie erstarrt auf ihren Plätzen. Erst jetzt, nachdem die Kanne leer war und er sicher sein konnte, dass meine Tasse auch wirklich zur Gänze gefüllt war, bewegte der große Vorsitzende seine Hand. Immer noch lächelnd, aber zugleich mit einem entschuldigenden Schulterzucken, stellte er die Kanne auf das randvoll mit Kaffee gefüllte Tablett zurück. Dann griff er in die Brusttasche seines Zweimillionendollaranzuges und zupfte das seidene Einstecktüchlein heraus. Dieses tunkte er in den dampfenden Kaffeesee auf der Tischplatte. Offensichtlich sollte diese Maßnahme dazu dienen, die drei bis vier Liter Kaffee wieder aufzusaugen und damit den Tisch für die Besprechung einsatzklar zu machen. Immer noch saßen seine Mitarbeiter ebenso fassungs- wie reglos um den Tisch herum.

Wahrscheinlich hatte auch Heinrich Hoffmann einmal bei einem japanischen Elektrokonzern ermittelt, wobei ihm der berühmte Vers »und die Mutter blicket stumm auf dem ganzen Tisch herum« eingefallen war. Erst nachdem der Magnat das triefnasse und dampfend heiße Tüchlein ohne Schmerzensschreie in seine Hosentasche gestopft hatte, brach der Bann. Die mir bis dato unbekannte japanische Sportart Synchronspringen musste ihren Ursprung in einer Kaffeerunde gehabt haben. Denn nun kam Bewegung in die Herren und sie überboten sich darin, mit eigenen Taschentüchern, Servietten und eilig herbeigeschafften Küchenrollen und Tüchern das Malheur zu beseitigen.

Während er das Treiben beobachtete, lächelte mein Tischnachbar immer noch, wobei ich das Gefühl hatte, dass sein Lächeln dem einer hungrigen Schlange ähnelte, die geistig die Reihenfolge der Kaninchen festlegt, die sie zu verspeisen gedenkt. Den versammelten Mitarbeitern war anzumerken, dass sie die in einem zweiten Anlauf servierten Kekse zu dem ebenfalls neu herbeigeschafften Kaffee als Henkersmahlzeit erkannt hatten. Eine Armada von dienstbaren Geistern hatte die junge Dame ersetzt, die vermutlich bereits mit einem One-Way-Ticket in einem Flugzeug nach Japan saß.

Bei der nachfolgenden Besprechung zeigte ich diverse Möglichkeiten auf, wie mit Hilfe geeigneter Überwachungsmaßnahmen dem Täter beizukommen wäre. Ob die verantwortlichen Herren meine Vorschläge indes nachvollziehen konnten, wagte ich nicht zu entscheiden. Zu tief saß wohl der Schock über das Erlebte. Als ich mich verabschiedete, stand für mich jedenfalls fest, dass ich es bei den weiteren Ermittlungen mit neuen Ansprechpartnern zu tun haben würde.

Miss Marple

Mein Kollege und ich waren unterwegs zu einem Krankenhaus im Norden Münchens. Eine Patientin, Paula S., hatte Anzeige erstattet: Während sie bei einer Untersuchung war, hatte jemand aus ihrem Spind einen Geldbeutel mit all ihren Ausweisen und Scheckkarten entwendet. Wir wollten Patienten und das Personal befragen, ob irgendjemand etwas Verdächtiges bemerkt hatte, da in den letzten Wochen in diesem Krankenhaus immer wieder Diebstähle angezeigt worden waren.

Als wir das Zimmer von Paula S. betraten, blickten uns drei ältere Damen neugierig an. Wir grüßten und ich erkundigte mich, wer von ihnen denn Paula S. sei. Die Dame gab sich mit einer Gegenfrage zu erkennen: »Sind Sie die Herren von der Polizei? Ich habe Sie schon erwartet.« Damit war natürlich auch den beiden anderen Damen unser Beruf bekannt. Paula S. schilderte uns noch einmal den Vorfall, eine verdächtige Person war ihr nicht aufgefallen. Deshalb wandten wir uns an die anderen beiden Patientinnen in der Hoffnung, dass sie vielleicht etwas beobachtet hatten. Eine der beiden, sie war bestimmt schon über achtzig, winkte mich mit dem Finger zu sich, irgendwie erinnerte mich das an »Hänsel und Gretel«. Ich musste mich dicht zu ihrem Mund hinunterbeugen, um sie zu verstehen. »Junger Mann, wenn Sie wirklich von der Polizei sind, dann müssen Sie sich ausweisen!« Respekt, die Dame war offensichtlich eine geschulte ›Aktenzeichen-XY-ungelöst‹-Zuschauerin. Ich zeigte ihr also artig meinen Ausweis und wiederholte mein Anliegen.

Daraufhin erfuhr ich, dass die Dame bereits seit mehreren Wochen stationär behandelt wurde. Als sie fortfuhr, glaubte ich zunächst, mich verhört zu haben. Als sei es das Selbstverständlichste von der Welt, erklärte sie im Verschwörerton, dass sie genau wisse, wer der Dieb sei: die Nachtschwester, sie habe diese nämlich bereits seit mehreren Nächten beschattet. Die würde nachts die Patientinnen betäuben, ausrauben und Gift aus dem Arztzimmer stehlen. Auch ihr selbst sei das schon widerfahren. Obwohl diese Mitteilung danach klang, als hätte die Oma vor mir doch eher die Sendungen mit Miss Marple und nicht Eduard Zimmermann angeschaut, vermittelten mir ihre listig dreinblickenden Augen den Eindruck, als ob die Frau ganz genau wisse, was sie sage. Offensichtlich aber hatte ihr mein Zögern zu lange gedauert. Denn plötzlich griff sie seitlich unter ihr Leintuch und holte ein zusammengefaltetes Stückchen Serviette hervor. Daraus kamen mehrere weiße Pillen zum Vorschein: »Mit diesen Tabletten wollte sie mich mehrmals betäuben. Sie hielt mir jedes Mal die Nase zu und schob mir die Tablette in den Mund. Dann verlangte sie, dass ich schlucke. Das hat sie auch mit anderen Patientinnen so gemacht. Und wenn die dann bewusstlos waren, hat sie ihre Spinde durchsucht und Schmuck und Geld gestohlen.«

Ich war verblüfft. Wie konnte die alte Dame Kenntnis davon haben, dass wir tatsächlich eine Reihe von Anzeigen bearbeiteten, bei denen es um den Diebstahl von Schmuck und Bargeld aus den Spinden älterer Patientinnen ging? Und woher wollte sie die Vorgehensweise der Täterin kennen? Als die alte Dame meinen erstaunten Gesichtsausdruck sah, huschte ein schelmisches Lächeln über ihr faltiges Gesicht. Und dann bewies sie, dass sie geistig absolut auf der Höhe war. Leise fuhr sie fort: »Sie wundern sich sicher, woher ich das weiß. Ganz einfach: Holen Sie doch mal aus meinem Schrank die Plastiktüte, die im unteren Regalfach steht.« Ich tat, wie mir geheißen. Aus der Tüte zog die Oma ein Paar Hausschuhe, deren hervorstechendstes Merkmal dicke Korksohlen waren.

»Die hat mir mein Enkel besorgt. Die dicken Sohlen kann man nicht hören, wenn man damit durch die Gänge schleicht. Wenn die Nachtschwester mir eine Tablette eingeflößt hat, hat sie immer ein bisschen gewartet, bis sie wirkte. Ich habe die Tablette aber nicht geschluckt, sondern mit der Zunge in die Backe geschoben. Dann habe ich so getan, als ob ich einschlafen würde. Nachdem die Schwester das Zimmer verlassen hatte, habe ich die Tablette in der Serviette unter dem Bettlaken versteckt. Danach habe ich die Hausschuhe angezogen und bin der Nachtschwester nachgeschlichen. Die war sich ihrer Sache ganz sicher und hat nichts bemerkt.« Mein Gesichtsausdruck wirkte wahrscheinlich nicht besonders intelligent, denn nun wurde mein Kollege, der sich unterdessen mit der dritten Dame im Raum unterhalten hatte, aufmerksam. Er kam näher, musterte mich kurz und fragte leise: »Ist alles in Ordnung?« Da musste ich lachen. »Keine Sorge, es ist alles o.k. Aber ich schlage vor, dass wir die Dame hier zu einem Kaffee und einem Stück Kuchen in die Cafeteria einladen – ich glaube, es wird dich interessieren, was sie zu erzählen hat.« Ich sah, dass sich Miss Marple – so würde ich sie in Zukunft nennen – sehr über meinen Vorschlag freute. Eine hilfsbereite Stationsschwester machte die Dame ausgehfertig und in einem Rollstuhl brachten wir unsere neu gewonnene Informantin kurz darauf in das Café.

Bei einem Glas Tee und einem Stück Apfeltorte erfuhren wir nach und nach eine schier unglaubliche Geschichte. Bereits kurz nach ihrer Einlieferung war Miss Marple eines Nachts aufgewacht, weil sich jemand im Krankenzimmer zu schaffen machte. Sie staunte nicht schlecht, als sie sah, wie die Nachtschwester aus ihrem Geldbeutel einen Geldschein nahm und einsteckte. Die Schwester zuckte erschrocken zusammen, als sie plötzlich angesprochen wurde. Was sie da mache, wollte Miss Marple wissen. Daraufhin antwortete die Nachtschwester verächtlich: »Ich stehle gerade dein

Geld, du alte Hexe! Was dagegen?« Fassungslos stammelte die alte Dame, dass sie Anzeige erstatten werde, wenn sie das Geld nicht sofort zurücklege. Da aber lachte die Nachtschwester nur hämisch und meinte, dass sie dies ruhig tun könne. Niemand würde einer alten verwirrten Schachtel wie ihr glauben.

Am nächsten Abend kam die Nachtschwester wieder. Sie verabreichte Miss Marple ihre üblichen Tabletten, dann hielt sie ihr plötzlich die Nase zu und schob ihr eine weitere Pille in den Mund. Dabei herrschte sie die Überrumpelte an, die Tablette sofort zu schlucken. Die wehrlose Frau war so überrascht, dass sie gehorchte. Bald wurde alles um sie herum dunkel. Als sie wieder aufwachte, hatte bereits der Tagdienst übernommen. Miss Marple überlegte lange, was sie tun sollte, dann aber dachte sie an die Worte der Nachtschwester, dass ihr niemand glauben würde, und beschloss, zunächst nur ihren Enkel ins Vertrauen zu ziehen. Der wollte sie in den nächsten Tagen besuchen. Doch bereits am nächsten Abend wiederholte sich das Geschehen. Wieder kam die Nachtschwester und steckte ihr eine Tablette in den Mund. Diesmal aber war die Oma vorbereitet. Sie stellte sich schlafend. Kaum war die diebische Nachtschwester aus dem Zimmer gegangen, holte sie die Tablette aus der Backe hervor und warf sie aus dem offenen Fenster neben ihrem Bett.

Als ihr Enkel zu Besuch kam, berichtete sie ihm von ihren Erlebnissen. Offensichtlich zweifelte er aber, ob sie das alles nicht nur geträumt hatte. Als sie das bemerkte, ließ sie das Thema fallen. Wenn nicht einmal der eigene Enkel ihr glaubte, wie sollte sie da die Polizei überzeugen? Also beschloss sie, hieb- und stichfeste Beweise zu sammeln. Unter dem Vorwand, ihre alten Hausschuhe hätten eine zu glatte Sohle, veranlasste sie ihren Enkel, ihr noch am selben Tag ein paar neue Hausschuhe zu besorgen. Mit einer extradicken Korksohle, weil der Fussboden so kalt sei.

Am Abend wiederholte sich bei der Visite der Nachtschwester dasselbe Prozedere. Nun aber hatte Miss Marple ihre Taktik weiter verfeinert. An diesem und auch an den folgenden Tagen warf sie die Tabletten nicht mehr aus dem Fenster, sondern wickelte sie in eine Serviette und versteckte sie tagsüber in ihrem Brillenetui und nachts unter ihrem Laken. Mit derartigen Beweismitteln würde sie ihren Enkel sicher überzeugen können. Außerdem begann sie, der diebischen Schwester heimlich nachzuschleichen. Sie konnte sogar beobachten und genau beschreiben, aus welchen Arzneischüben die Schwester die Tabletten holte, mit denen sie anschließend Patientinnen betäubte. Trotz des unfassbaren Verhaltens der Nachtschwester musste ich bei der Vorstellung heimlich schmunzeln, wie die Seniorin nächtens durch die Krankenhauskorridore geschlichen und ihrer Peinigerin wie ein Schatten gefolgt war. Das verdiente allerhöchsten Respekt.

Längst hatte mein Kollege aufgehört, seinen Kuchen zu essen. Angespannt lauschte er der Erzählung, die wie ein Drehbuch zu einem Krimi klang. Wir waren mittlerweile sicher, dass sie die Wahrheit sagte, wir hatten nämlich ihre Tabletten zwischenzeitlich bei der Klinikleitung überprüfen lassen. Es handelte sich um verschreibungspflichtige, hochwirksame Schlaftabletten, die nur in geringen Dosen und nur auf ausdrückliche ärztliche Verordnung verabreicht werden durften. Keinesfalls hätte die alte Dame solche Tabletten einnehmen dürfen, dafür waren die Nebenwirkungen zu unkalkulierbar. Außerdem hatte der Arzt bestätigt, dass diese Tabletten in dem von Miss Marple beschriebenen Fach verwahrt wurden. Unsere Kronzeugin schilderte weiter, dass sie gesehen hatte, wie die Nachtschwester eine andere Patientin in Tiefschlaf versetzte, ihr Nachtkästchen durchwühlte und irgendetwas Kleines in ihre Kitteltasche steckte. Um ein Haar wäre Miss Marple bei ihrer Spionagetätigkeit erwischt worden, aber sie konnte sich in letzter Sekunde in die Teeküche hinter einen Schrank retten.

Nachdem wir fürs Erste genug gehört hatten, informierten wir die Klinikleitung und baten um die Personalien der Nachtschwester. Wir waren nicht überrascht, als wir über unsere Dienststelle in Erfahrung brachten, dass gegen sie schon mehrfach wegen des Verdachts von Seriendiebstählen ermittelt worden war, die Verfahren aber mangels Beweisen hatten eingestellt werden müssen. Nun, diesmal wollten wir mit Hilfe der unvergleichlichen Miss Marple dafür sorgen, dass die Beweise für eine Verurteilung ausreichen würden.

Kurz darauf gelang es meinem Kollegen, ein weiteres Indiz für die Betäubungsversuche und die Glaubwürdigkeit von Miss Marple zu sichern. Er hatte nämlich bei einem Blick aus dem Fenster festgestellt, dass direkt unterhalb eine Feuerleiter angebracht war. Und auf einer der Trittstufen – zwei Stockwerke tiefer – entdeckte er einen kleinen runden Klumpen, die feuchten Reste einer Tablette. Die – und das war jetzt keine Überraschung mehr für uns – genau den Tabletten entsprach, die uns Miss Marple in der Serviette übergeben hatte. Da es natürlich ausgeschlossen war, die Nachtschwester auch nur eine einzige Nacht länger auf die wehrlosen Patienten loszulassen, waren wir knapp zwei Stunden später zu viert mit einem Durchsuchungsbeschluss und einem Haftbefehl – unter anderem wegen schweren Raubes, gefährlicher Körperverletzung und Verstoßes gegen das Arzneimittelgesetz – unterwegs zu einer stillen Seitenstraße in Schwabing. Die Nachtschwester war zu Hause. Zunächst einmal wirkte sie ziemlich sicher, dass ihr auch diesmal nichts nachzuweisen sein würde. Dann aber förderte die akribisch genaue Durchsuchung nach und nach immer mehr Schmuckstücke und schließlich auch Geldbörsen zutage, die teilweise raffiniert versteckt waren. Als wir in einem Schminkdöschen drei auffällige, ineinander verschlungene Ringe in Rot-, Gelb- und Weißgold entdeckten, die sie wenige Wochen zuvor einer verstorbenen Patienten vom Finger gezogen hatte, bröckelte die gespielte Überheblichkeit der Beschuldigten, und was blieb, war ein heulendes Häufchen Elend. Sie gestand, immer wieder Schmuck und Wertgegenstände sowie Bargeld entwendet zu haben. Sie räumte auch den Diebstahl ein, den Miss Marple beobachtet hatte. Immer wieder wurde ihr Geständnis durch heftiges Schluchzen unterbrochen.

Bei dem Gedanken an ihr Verhalten gegenüber den hilflosen, alten Patientinnen hielt sich unser Mitleid, das sich die Frau wohl durch ihren Auftritt erhoffte, sehr in Grenzen. Auch die Staatsanwältin machte später in der Gerichtsverhandlung keinen Hehl aus ihrer Abscheu. Bei keiner anderen der etlichen hundert Gerichtsverhandlungen, denen ich bislang beigewohnt habe, habe ich von einem Vertreter der Staatsanwaltschaft einen vergleichbaren Zorn und Ekel über die Taten eines Angeklagten erlebt. Das ging so weit, dass die Richterin die junge Staatsanwältin schließlich unterbrach und ihr versicherte, das Gericht habe schon verstanden, und sie um ihr Plädoyer bat. Obwohl das Urteil mit viereinhalb Jahren Freiheitsstrafe letztlich deutlich unter dem Antrag der Staatsanwältin blieb, war es dennoch dank Miss Marple endlich gelungen, dieses schwarze Schaf unter den »Engeln in Weiß« nachhaltig an der Ausübung weiterer Verbrechen an wehrlosen alten Menschen zu hindern.

Für uns war es Ehrensache, die Tageszeitungen auf das raffinierte und couragierte Verhalten von Miss Marple aufmerksam zu machen. Das sei das Schönste, was sie sich auf ihre alten Tage hätte erträumen können, meinte sie spitzbübisch lächelnd und mit funkelnden Augen, als wir ihr die gesammelten Zeitungsberichte überbrachten. Und ich spürte genau – auch diesmal sagte sie die Wahrheit!

Im Schuhparadies

Seit Wochen häuften sich Strafanzeigen auf meinem Schreibtisch, in denen ausnahmslos Frauen Diebstähle aus abgestellten Einkaufstaschen oder Rucksäcken anzeigten. Die Taschen hatten sie jeweils »nur ganz kurz« unbeaufsichtigt stehen lassen, während sie Schuhe anprobierten. Beim Betreten eines Schuhhauses, so meine Theorie, scheinen sich bestimmte Veränderungen im weiblichen Körper zu vollziehen, die es ihnen unmöglich machen, auf andere Dinge als Schuhe zu achten. Das nutzten offensichtlich ein paar dunkle Gestalten, um ihr Budget ohne nennenswertes Risiko aufzubessern.

Tagelang war ich mit einer Aufstellung aller Tatzeiten und -örtlichkeiten beschäftigt, in dieser Übersicht vermerkte ich auch die Daten der Opfer und ihre persönlichen Merkmale. Dabei ergaben sich erstaunliche Erkenntnisse: In den vergangenen drei Monaten waren mehr als hundert Taschendiebstähle aus insgesamt zehn Schuhhäusern in der Innenstadt gemeldet worden. Während rund dreißig Taten keine Zusammenhänge mit den übrigen Anzeigen erkennen ließen, stellte ich bei zweiundsiebzig Diebstählen auffällige Übereinstimmungen fest. Diese Delikte waren in nur drei Schuhgeschäften verübt worden. Opfer waren überwiegend jüngere Frauen, die zumeist in weiblicher Begleitung waren. Die Taten hatten sich meist in den letzten beiden Stunden vor Geschäftsschluss ereignet und zwar überwiegend am Donnerstag und Freitag. In vierzehn Fällen waren die geplünderten Rucksäcke bzw. Handtaschen in unmittelbarer Nähe in anderen Geschäften aufgefunden worden, vier Mal allein in einem Spielwarenladen hinter einem großen Plüschelefanten. Sechs Geschädigte hatten eine jüngere Frau beobachtet, die sich verdächtig in ihrer

Nähe aufgehalten hatte. Möglicherweise stand sie ja mit den Taten in Verbindung, bei denen es sich – so viel schien festzustehen – um ein Seriendelikt handelte. Als Nächstes interessierte mich, was diese drei Geschäfte in den Augen einer Diebin so attraktiv machte, zugleich wollte ich nach Möglichkeiten suchen, dort gezielte Überwachungsmaßnahmen durchzuführen. Also inspizierte ich die Geschäfte.

Dabei wurde mir rasch klar, warum man als Täter diese Schuhhäuser bevorzugte: Es gab jeweils einen breiten Ausgang zur Fußgängerzone, die Damenschuhabteilung lag im Erdgeschoss, die parallel verlaufenden Regale waren mehr als mannshoch und von mehreren Quergängen unterbrochen. Ein Einblick in die einzelnen Regalgänge war nur von den offenen Seiten her möglich, die Täterin konnte nach dem Diebstahl schnell in einen anderen Gang ausweichen und das Geschäft sofort nach der Tat auf dem kürzesten Weg verlassen. All diese Voraussetzungen waren bei den anderen Läden nicht erfüllt. Aufgrund der Kontinuität, mit der die Diebstähle verübt wurden, entschloss ich mich, in den bevorzugten Tatzeiträumen in den drei Geschäften Lockvögel einzusetzen. Zur Unterstützung erhielt ich zwei Gruppen, insgesamt also sechzehn junge Kolleginnen und Kollegen der Einsatzhundertschaft in Zivil. Während die Kolleginnen zu zweit als Kundinnen getarnt ihre auffällig farbenfrohen Rucksäcke »unbeaufsichtigt« in den Geschäften abstellen sollten, würde es die Aufgabe der männlichen Kollegen sein, draußen in der Nähe der Ausgänge zu warten, ob einer dieser Rucksäcke in fremder Begleitung das Weite suchen würde. Um Verwechslungen auszuschließen, bekamen alle Rucksäcke einen auffälligen Kuscheltieranhänger. Und natürlich hatten alle Kollegen die genaue Beschreibung der Verdächtigen erhalten.

Bevor es losging, trafen wir uns in meiner Dienststelle zur Einsatzbesprechung. Die Kolleginnen der Einsatzhundertschaft waren hellauf begeistert von der Vorstellung, in den kommenden vier Wochen jeweils an zwei Tagen bei voller Bezahlung nach Herzenslust in Schuhgeschäften stöbern zu können. Die Begeisterung der männlichen Kollegen hielt sich eher in Grenzen. Nachdem alles besprochen, die Kollegen eingeteilt und die Ablösungen vereinbart waren, begab sich die Mannschaft hoffnungsfroh in die Fußgängerzone. Ich bezog an den Einsatztagen mit wechselnden Kollegen meines Kommissariats in einer zentral gelegenen Cafeteria Position. Dann begann das lange Warten. Schon am ersten Abend wurde ein 12-jähriger Junge dabei erwischt, wie er mit einem unserer Rucksäcke ein Schuhhaus verlassen wollte. Doch wie sich bald herausstellte, befand er sich erst seit ein paar Tagen mit seiner Familie in München, sodass er definitiv für die Seriendiebstähle als Täter ausschied. Dennoch motivierte dieser schnelle erste Erfolg die jungen Kollegen und es entbrannte fast so etwas wie ein Wettkampf unter den Teams, wer den Täter oder die Täterin stellen würde. Als dann jedoch weder in dieser noch in der darauffolgenden Woche eine weitere Festnahme gelang und stattdessen in anderen, nicht überwachten Schuhhäusern Diebstähle angezeigt wurden, geriet ich ins Zweifeln. Sollte ich mich so getäuscht haben? Dennoch entschied ich mich, die vier Wochen bis zur letzten Minute zu nutzen. Auch die dritte Woche verging ohne eine Spur der Verdächtigen. Sie schien wie vom Erdboden verschluckt.

Dafür hatten wir auf eine andere, unerwartete Weise einen kleinen Erfolg zu verbuchen. Ich stand nachmittags mit zwei jungen Kollegen am Marienplatz und wir besprachen die Pausenablösung, als mir ein junger Mann auffiel, der in unsere Richtung lief. Richtiger gesagt, rannte er, als sei der Leibhaftige hinter ihm her. Dabei drängte er sich rücksichtslos durch die Menschenmenge. Der Läufer trug einen Rucksack am Rücken. Ich spürte instinktiv, dass mit ihm etwas nicht stimmte – so rennt man selbst dann nicht, wenn man seine S-Bahn noch erreichen will. Vielleicht aber hielt ich ihn auch nur deshalb für einen flüchtigen Straftäter, weil wir auf der Suche nach einem Rucksackdieb waren. Kurzentschlossen forderte ich meine sprintstarken jungen Kollegen auf, dem Mann zu folgen und ihn zu überprüfen. Die beiden sprinteten los, während ich in einigem – zugegebenermaßen immer größer werdenden – Abstand der wilden Jagd folgte. Nach einiger Zeit bog der Verdächtige in eine kleine Querstraße ab. Als ich schnaufend endlich ebenfalls dort ankam, war von der Gruppe nichts mehr zu entdecken. Am anderen Ende der Straße bemerkte ich allerdings einen alten Herrn, der mit seinem Gehstock auf irgendetwas einschlug, das sich hinter einer Hausecke befinden musste. Ich eilte näher, da ich ahnte, dass diese Attacke etwas mit meinen Kollegen zu tun haben könnte. Als ich sah, was den Mann so erzürnte, musste ich schmunzeln. Direkt vor mir lag der Läufer mit dem Rucksack am Boden, festgehalten von meinen beiden Kollegen, die sich über ihn beugten. Aufgeregt bat mich der alte Mann, die Polizei zu holen. »Die Kerle haben den Mann einfach überfallen, die wollen ihn bestehlen, sie müssen ihm helfen!«

Es war gar nicht so einfach, den Mann zu überzeugen, dass die vermeintlichen Räuber in Wahrheit Polizisten waren. Nachdem ich ihn über den Sachverhalt aufgeklärt und mich legitimiert hatte, wollte er sich für seine Attacke entschuldigen. Ich versicherte ihm jedoch, dass er in außergewöhnlicher Weise Zivilcourage gezeigt hatte, als er trotz seines Alters und seiner Gehbehinderung den Mut aufbrachte, sich gegen zwei junge, kräftige mutmaßliche Täter zur Wehr zu setzen. Meine Kollegen berichteten, dass sie den Läufer vergeblich aufgefordert hatten, stehenzubleiben, gegen seine Festnahme hatte er sich dann vehement gewehrt. Wie sich herausstellte, handelte es sich um einen rumänischen Touristen, der kurz zuvor in einem Kaufhaus am anderen Ende der Fußgängerzone mehrere Ladendiebstähle verübt hatte und weggerannt war, weil er dachte, ein Detektiv hätte ihn beobachtet. Sein Pech war nur, dass er ausgerechnet an uns vorüberkam. Ich wollte dem mutigen älteren Herren gern eine kleine Ehrung zukommen lassen, aber er lehnte dieses Ansinnen entschieden ab. Das sei eine selbstverständliche Bürgerpflicht und nicht der Rede wert. Damit ging er bedächtigen Schrittes von dannen. Meine Hochachtung wuchs. Ich wünschte mir, es gäbe mehr solcher Helden des Alltags.

Schließlich kam die vierte und damit letzte Woche. Die anfängliche Schuhhauseuphorie war den Kolleginnen längst vergangen und die ständige Berieselung mit den immer gleichen Liedern und Durchsagen trug das ihre dazu bei, die Stimmung zu drücken. Es war Donnerstag, der vorletzte Tag unseres Einsatzes, kurz vor Geschäftsschluss. Resigniert hatten mein Kollege und ich zum letzten Mal an diesem Tag unsere Runde zwischen den drei überwachten Geschäften gedreht. Längst fiel es mir schwer, den jungen Kollegen Hoffnung zu machen, dass sich ihr Einsatz bestimmt noch lohnen würde. Ich sah es den müden Gesichtern an, dass ich sie nicht mehr recht überzeugen konnte. Für mich war es ein Rätsel, warum die Serie so abrupt abgerissen war. Seit der Festnahme des 12-Jährigen war es in den überwachten Geschäften zu keinem einzigen Diebstahl mehr gekommen. War etwas von unserer Aktion durchgesickert? Konnte ein Mitarbeiter eines der Schuhgeschäfte hinter den Diebstählen stecken? Doch noch ehe ich über diese Fragen weiter nachgrübeln konnte, erwachte mein Funkgerät zum Leben. Aufgeregt teilte ein Kollege mit, dass sie soeben eine junge Frau nach kurzer Verfolgung festgenommen hatten. Und sie entsprach genau der Beschreibung von der Tatverdächtigen! Im Nu waren Niedergeschlagenheit und Müdigkeit wie weggeblasen – sollte das »unsere« Täterin sein, nach der wir seit vier Wochen mit fast zwanzig Beamten gefahndet hatten?

Eine strahlende Gruppe Kollegen erwartete uns vor dem Eingang des Schuhhauses, in ihrer Mitte die Festgenommene wie ein Häufchen Elend. Das Team hatte seine Aufgabe ernst genommen und war bis zur letzten Minute wachsam geblieben. Und genau in dem Moment, als die Durchsage erfolgte, dass das Geschäft in wenigen Minuten schließen würde, betrat die Täterin eilig den Laden. Ein kurzer Blick auf den vermeintlich verwaisten Rucksack, ein schneller Griff, und schon hatte die Diebin mit ihrer Beute den Ausgang erreicht. Im nächsten Moment schnappte die Falle zu. Der kurze Fluchtversuch war wohl mehr ein Reflex, denn gegen die sportlich gestählten Beamten hatte die Täterin nicht den Hauch einer Chance. Kurze Zeit später hatten wir Gewissheit: Die 25-jährige Frau gestand unter Tränen in unserem Büro, seit vielen Wochen zahllose Diebstähle begangen zu haben. Sie sei seit Langem arbeitslos und drogenabhängig und habe keine andere Lösung mehr gesehen, um ihre Sucht zu finanzieren. Warum sie denn die drei Geschäfte bevorzugt habe, interessierte mich. Was sie sagte, bestätigte meinen eigenen Eindruck: »Die anderen Geschäfte sind total uninteressant zum Klauen. Die sind so übersichtlich, dass sie dich gleich haben!« Als sie mit ihrem Geständnis fortfuhr, erhielten wir auch eine einleuchtende Erklärung, warum es in den letzten Wochen zu keinem weiteren Diebstahl gekommen war: In dieser Zeit hatte sie nämlich einen Freund in Nürnberg besucht, ebenfalls ein Junkie. Der aber war am Vortag nach einem Diebstahl festgenommen worden, sie selbst war der Festnahme nur knapp entkommen. Erst wenige Stunden zuvor war sie schwarz mit dem Zug zurück nach München gefahren. Hier wollte sie vor Geschäftsschluss schnell noch Geld erbeuten, um sich einen »Schuss« besorgen zu können. Ausgerechnet in diesem Laden erwischt zu werden, hätte sie nicht erwartet. Dort zu stehlen war immer so einfach, ohne Risiko. Deswegen hatte sie das Geschäft bei sich das »Schuhparadies« genannt.

Als wir später ihr Zimmer in einer WG durchsuchten, in dem sie mehr gehaust als gewohnt hatte, fanden wir verschiedene Gegenstände und Ausweise, die sich zurückliegenden Diebstählen zuordnen ließen. Auf anderen weggeworfenen und wieder aufgefundenen Gegenständen hatte die Beschuldigte ihre Fingerabdrücke hinterlassen, sodass wir ihr schließlich zweiundvierzig Diebstähle zweifelsfrei nachweisen konnten. Trotz ihrer langen Drogenkarriere war die junge Frau bei uns wegen Eigentumsdelikten noch nicht aufgefallen. Aus einem fröhlichen, lebenslustigen und hübschen Mädchen, dessen Bild uns aus ihrem Personalausweis anlächelte, hatte das Teufelszeug Drogen in kurzer Zeit ein verwahrlostes, trauriges und gebrochenes Wesen gemacht, das während ihrer Befragung zitternd wie Espenlaub vor uns auf einem Stuhl kauerte. Trotz fundierter Schulbildung und dementsprechend günstigen Berufsaussichten war das Mädchen aus gutem Hause in Kreise geraten, in denen es bald schon mit Rauschgift in Berührung kam. Bis die Frau kapierte, worauf sie sich eingelassen hatte, war es zu spät: Das Rauschgift hielt sie längst im Würgegriff. Als sich später die Gittertüren in der Haftanstalt hinter ihr schlossen, hoffte ich inständig für sie, dass die Freiheitsstrafe und der zwangsläufig auf sie wartende Drogenentzug der Neustart in ein glücklicheres Leben sein würde.

Ein Teppichexperte auf Abwegen

An einem Dezembermorgen winkte mich mein Chef bei Dienstbeginn zu sich und hielt mir mit sorgenvoller Miene eine Anzeige entgegen, die wenige Minuten zuvor eine uniformierte Streife der Schutzpolizei überbracht hatte. Draußen stritten sich Kälte und Schneeregen darum, wer der werktätigen Bevölkerung die Arbeitsfreude am nachhaltigsten vermiesen konnte, während ich gebeten wurde, die Anzeige sofort – noch vor der obligatorischen Morgenbesprechung – durchzulesen. Arbeit zu so früher Stunde, dazu der Gesichtsausdruck unseres Kommissariatsleiters – ich war schon zu lange in diesem Job tätig, um nicht zu wissen, dass das eine unheilvolle Kombination darstellte.

Meine Ahnung wurde Minuten später zur Gewissheit: Eine bekannte Auktionsfirma hatte Anzeige gegen einen Teppichhändler erstattet, der in Münchens bester Lage residierte. Achim W. – eine weltweit führende, wenn nicht *die* Kapazität schlechthin auf dem Gebiet antiker Teppiche, Autor richtungsweisender Fachbücher und aus zahlreichen Veröffentlichungen, Forschungsarbeiten und Vorträgen allen Teppichkennern bestens bekannt – war über Nacht spurlos verschwunden. Aber nicht nur er, sondern mit ihm rund vierzehnhundert Teppiche aus seinem Geschäft von teils immensem Wert. Der Gesamtschaden belaufe sich auf mehrere Millionen Euro, die internen Schätzungen ergaben eine Schadenshöhe von bis zu zwanzig Millionen Euro. Es handelte sich zu einem großen Teil um antike, teils mehrere hundert Jahre alte Teppiche, von denen etliche einer Bank von Schuldnern sicherungsübereignet worden waren, die diese Teppiche zur fachgerechten Aufbewahrung dem Teppichgeschäft anvertraut hatte; andere Teppiche waren im Auftrag privater Einlieferer in Kommission übernommen worden. Wie weiterhin bekannt wurde, betrieb die Ehefrau des Verschwundenen bereits seit Längerem ein Entmündigungsverfahren gegen ihren Mann, sodass der Verdacht bestand, er habe möglicherweise in letzter Sekunde die Notbremse gezogen, um der drohenden »Enteignung« zuvorzukommen.

Der Zeitraum, in dem die Teppiche abtransportiert worden waren, ließ sich auf 21 Uhr am Vortag bis zu diesem Morgen um 7 Uhr eingrenzen. Aufgrund der Menge der Teppiche und ihres Gewichts stand für mich von vornherein fest, dass der Händler einen großen Lkw und Hilfe gehabt haben musste. Der Fall schien sich interessanter zu gestalten als befürchtet, und ich ersuchte mehrere Kollegen um Unterstützung. Bei der Staatsanwaltschaft beantragten wir einen Haftbefehl gegen Achim W. Nun ließen wir eine entsprechende Notiz in das Fahndungssystem der Polizei einstellen, womit gewährleistet war, dass der Mann bei einer Kontrolle festgenommen werden würde. Wie wir feststellten, verfügte Achim W. bzw. das Unternehmen über keinen eigenen Lkw. So kontaktierten wir als Erstes alle gängigen Lkw-Verleiher im Großraum München, um herauszufinden, ob der Teppichhändler ein Fahrzeug angemietet hatte. Wir hatten den richtigen Riecher gehabt: Ein großer Autoverleiher hatte zur fraglichen Zeit einen Siebeneinhalbtonner mit Kofferaufbau und Hebebühne an den Gesuchten vermietet.

Sofort begaben wir uns zu dem Autoverleiher. Der Lkw stand noch da, wo Achim W. ihn abgestellt hatte, und war noch nicht gereinigt. Deshalb untersuchte zunächst ein Kollege des Erkennungsdienstes das Fahrzeug auf Spuren. Tatsächlich fanden sich auf der Ladefläche zahlreiche Fusseln, die von den Teppichen stammen konnten. Es fehlten jedoch Hinweise darauf, wohin Achim W. gefahren war. Wir kannten lediglich die Zahl der gefahrenen Kilometer. Nun galt es, richtig zu kombinieren. Wahrscheinlich war Achim W. auf kürzestem Weg vom Autoverleiher zu seinem Ladengeschäft in der Innenstadt gefahren. Wir fuhren die Strecke ab und ermittelten die Entfernung – von den Segnungen moderner Navigationsgeräte und von Google Earth war man damals noch einige Jahre entfernt! Diese Strecke zogen wir von den gefahrenen Kilometern ab, teilten den Rest auf Verdacht durch zwei und zogen dann auf einem Stadtplan mit einem Zirkel einen Kreis um das Geschäft und einen weiteren um die Autovermietung. Obwohl dieses Verfahren einer wissenschaftlichen Überprüfung nicht in allen Punkten standgehalten hätte, waren wir mit dem Ergebnis zufrieden. Die Schnittmenge umschloss die östlichen Bezirke Münchens und die angrenzenden Gemeinden, irgendwo in diesem Bereich konnten die Teppiche derzeit sein – falls sie tatsächlich auf einmal abtransportiert und in der Zwischenzeit nicht umgeladen und weiterbefördert worden waren. Wenn nicht, tja, dann würden wir uns eben etwas anderes einfallen lassen müssen.

Nun begann eine mühevolle Recherche nach Örtlichkeiten, die für die Lagerung der wertvollen Textilien in Frage kommen konnten. Es zeigte sich, dass es im fraglichen Raum nur in drei Gemeinden Gewerbegebiete mit Lagerhallen und Speditionen gab. Hoffnungsfroh machten wir uns am Vormittag zu dritt auf den Weg. Was unser Jagdfieber ein wenig beeinträchtigte, war der Umstand, dass um 17 Uhr unsere Weihnachtsfeier beginnen würde. Ein gesellschaftliches Ereignis ersten Ranges, der Höhepunkt des Jahres. Ob wir das Büfett zu einem Zeitraum erreichen würden, zu dem es noch als solches und nicht mehr nur als Porzellanausstellung erkennbar sein würde, stand in den Sternen. Doch wie heißt es so schön: Dienst ist Dienst und Schnaps ist Schnaps.

Wir hatten beschlossen, die in Frage kommenden Speditionen und Lagerbetriebe persönlich aufzusuchen und uns unter einem Vorwand nach der verschwundenen Ware zu erkundigen. Schließlich wussten wir nicht, ob die Betreiber mit dem Teppichhändler unter einer Decke steckten. Bereits bei der zweiten Spedition schien uns das Glück hold zu sein. Wir trafen einen Lagerarbeiter im Hof, der gerade Metallrohre mit einem Kran von einem Lkw ablud. Im Lärm des Motorengeräusches rief ich zu dem Führerstand hinauf, als sei die Sache sonnenklar, wo denn die Teppiche gelagert seien – und zu meiner Verblüffung deutete er über seine Schulter und rief: »Halle 4 – ein Kollege ist gerade dort!«

Wir trauten unseren Ohren kaum – war das nur ein Zufall oder sollten wir tatsächlich Dusel haben und gleich auf das Versteck gestoßen sein? Gespannt begaben wir uns zu dem Gebäude. Durch einen unversperrten Seiteneingang gelangten wir in eine Halle von etwa dreißig mal sechzig Metern Grundfläche. Wir trafen auf einen Angestellten, der einen Ordner mit Papieren in Händen hielt und uns fragend entgegensah. Bereits beim ersten Blick in die Runde begann mein Pulsschlag sich zu erhöhen: denn entlang der Wände lagerten auf Hochregalen Teppiche in allen Farben und Größen! Nun gab es kein Versteckspiel mehr – ich stellte meine Kollegen und mich vor und erkundigte mich, woher all diese Teppiche stammten. Als wir den Namen des Einlieferers hörten, hätte ich am liebsten einen Luftsprung gemacht – es war tatsächlich unser Teppichhändler gewesen! Nun baten wir den Mann, seinen Geschäftsführer zu informieren. Anschließend telefonierte ich mit der sachbearbeitenden Staatsanwältin und teilte ihr mit, dass wir die Teppiche gefunden hatten. Sie war darüber ebenso erfreut wie wir und gratulierte uns zu unserem schnellen Erfolg. Ihre nächsten Sätze aber dämpften die Freude über das Lob beachtlich, denn sie bat uns, die Teppiche unverzüglich sicherzustellen und in die Lager der Staatsanwaltschaft transportieren zu lassen. Alle diese Teppiche zu sichten, zu beschreiben, in

Listen zu erfassen, zu verpacken und zu verladen und anschließend in den Lagerhallen der Justiz einzulagern würde viele, viele Stunden lang dauern – ade, du schöne Weihnachtsfeier!

Obwohl sie sich jede Bemerkung verkniffen, sah ich es meinen beiden Kollegen an, dass sie es in diesem Moment fast ein wenig bereuten, so selbstlos ihre Unterstützung angeboten zu haben. Da beschloss ich zu versuchen, den Abend doch noch zu retten. Ich hatte im Zusammenhang mit den Ermittlungen von einem Teppichsachverständigen erfahren, dass viele der verschwundenen Teppiche aufgrund ihrer Einmaligkeit fast schon als Weltkulturerbe bezeichnet werden konnten. Bei diesem Gespräch hatte der Experte auch seine Befürchtung geäußert, dass durch den überstürzten und deswegen unsachgemäßen Transport viele der unersetzlichen Kostbarkeiten irreparable Schäden und damit enorme Wertverluste erlitten haben könnten. Außerdem müssten die Stücke in klimatisierten, gleichmäßig temperierten Räumen gelagert werden. Daher galt es, einen weiteren unfachmännischen Transport der Teppiche zu verhindern. Daraus womöglich resultierende Schadensersatzforderungen wollte ich nicht auf mich nehmen. Also rief ich die Staatsanwältin nochmals an und teilte ihr mit, was der Sachverständige gesagt hatte. Zugleich sagte ich ihr, dass ich den sofortigen Rücktransport gerne veranlassen würde, falls sie so nett wäre, mir ein kurzes Fax zu senden und zu bestätigen, dass sie das volle Risiko übernähme. Das jedoch lehnte die Staatsanwältin sofort ab. So einigten wir uns darauf, die Teppiche zu beschlagnahmen, aber an Ort und Stelle zu belassen. Den Abtransport sollte zu einem späteren Zeitpunkt eine Fachspedition durchführen, aber erst, nachdem die Lagerräume bei der Staatsanwaltschaft entsprechend klimatisiert worden waren. Ich atmete auf. Die erste Hürde war genommen. Nun galt es, die sichergestellten Teppiche vor dem Zugriff des Beschuldigten zu bewahren. Damit beauftragten wir ein örtliches Sicherheitsunternehmen, das die lückenlose und zuverlässige Bewachung der Teppiche in den nächsten Tagen garantierte. Die Spedition, die die Teppiche guten Glaubens eingelagert hatte, unterstützte die Maßnahmen, indem sie geeignete Räumlichkeiten für das Wachpersonal zur Verfügung stellte. Nachdem alles so weit geregelt war, klebte ich an die Stützpfosten der Hochregale Siegelmarken, um die Sicherstellung zu dokumentieren. In dem Sicherstellungsverzeichnis hielt ich fest: sichergestellte Gegenstände: circa eintausendvierhundert antike Teppiche, Wert: mehrere Millionen Euro, und übergab eine Ausfertigung dem Spediteur. Dann wurde es Zeit. Pünktlich zur Weihnachtsansprache unseres Inspektionsleiters betraten wir den feierlich geschmückten Festsaal.

Einige Tage später wurde Achim W. aufgrund unserer Ausschreibung festgenommen. Er befand sich auf dem Weg nach Italien, wo er sich dem Zugriff der deutschen Behörden entziehen wollte. Er hatte lediglich einen winzigen Fehler bei der Planung seiner Flucht begangen. Mitten im Winter hatte er sich nämlich in der Nähe des Spitzingsees mit einem Fahrrad auf den Weg gemacht. Neben einer Skipiste schob er sein Rad bergauf, auch seine Straßenkleidung war eher unpassend, was jedoch durch den aufgeklebten Bart, der sich auf einer Seite gelöst hatte und herunterhing, nicht so auffiel. Bei einer Einkehr wollte der Hüttenwirt wissen, was er denn im Tiefschnee mit seinem Fahrrad bezwecke. Nach Italien fahren, bekam der Wirt zu hören. Als Achim W. seinen Tee dann auch noch mit einer Kreditkarte bezahlen wollte, verständigte der Hüttenwirt die Polizei, die den Mann nach einer Überprüfung verhaftete, es bestand ja gegen ihn ein Haftbefehl. Der Beschuldigte bestritt, die Teppiche unrechtmäßig an sich genommen zu haben; er habe damit lediglich ihm zustehende Ansprüche sichern wollen. Wer ihm bei dieser »Sicherungsaktion« geholfen hatte, verriet er nicht. Nachdem der Sachverhalt aber zunächst zivilrechtlich überprüft werden musste, wurde der Haftbefehl bald außer Vollzug gesetzt. Der Beschuldigte zog sich in die Schweiz zurück, wo er den Ausgang des Entmündigungsverfahrens abwartete.

Versteckte Kamera

Seit mehreren Monaten, vor allem aber nun im Vorweihnachtsgeschäft, häuften sich die Diebstahlsmeldungen von Innenstadtkaufhäusern. Bekannt waren mittlerweile mehr als sechzig Fälle, in denen Geldbörsen und Handtaschen aus Einkaufswägen entwendet worden waren. Vom Täter bzw. von den Tätern fehlte jede Spur. Vor allem die Lebensmittelabteilungen von drei Kaufhäusern in der Fußgängerzone waren betroffen, in einem Haus ging es um fünfzehn Diebstähle, in den anderen beiden immerhin noch um elf bzw. neun. Sorgfältig wertete ich wieder einmal die Taten hinsichtlich Vorgehen, Örtlichkeit, Tatzeit, Opfertyp und Beute aus. Dabei fiel auf, dass die Diebstähle überwiegend in den späten Nachmittags- und Abendstunden verübt worden waren und meist nur das Bargeld fehlte. Die entwendeten Taschen und Geldbörsen fanden sich in unmittelbarer Nähe wieder auf. Die Durchschnittssumme pro Tag betrug etwa hundertfünfzig Euro, erst wenn diese Summe erreicht war, war für diesen Tag Schluss. Fiel die Beute höher aus, kam es erst nach einem gewissen zeitlichen Abstand zu der nächsten Tat. Einmal wurden etwas über neunhundert Euro gestohlen, daraufhin war die nächsten fünf Tage Ruhe. Bei einer Beute von fünfhundert Euro dauerte es etwa drei Tage, bis der Täter wieder zuschlug. Schnell drängte sich der Verdacht auf, dass ein Heroinabhängiger mit den Diebstählen seine Sucht finanzierte. Denn zum Erwerb einer Tagesration Heroin benötigte ein Junkie zu jener Zeit umgerechnet etwa hundertfünfzig Euro.

Die Opfer waren überwiegend jüngere Frauen, die allein oder in Begleitung eines Kleinkindes einkauften. Leichtsinnig ließen sie oftmals ihre Hand- oder Einkaufstasche unbeaufsichtigt im Einkaufswagen zurück, während sie im nächsten Regalgang seelenruhig nach den benötigten Artikeln suchten. Diese Unachtsamkeit nützte der Unbekannte aus.

Um den Seriendieb zur Strecke zu bringen, entwickelte ich folgenden Plan: Wir präparierten Einkaufswagen mit vermeintlich fetter Beute in Form von »unbeaufsichtigten« Handtaschen oder prallgefüllten Geldbörsen. Lockvögel sollten diese Einkaufswagen zur tatrelevanten Zeit in den Abteilungen mit der höchsten Diebstahlsrate scheinbar gedankenverloren in schmalen, unbelebten Regalgängen abstellen. Danach mussten sie sich diskret entfernen, um dem Täter ungehindert Zugriff zu bieten. Auf keinen Fall durfte die verdeckte Überwachung auffallen, wofür es eine ebenso einfache und billige wie wirksame Lösung gab: In der Elektroabteilung erwarb ich zwei Personenalarmsirenen. Das sind etwa zigarettenschachtelgroße und extrem durchdringende Sirenen, die etwa ein nächtlicher Spaziergänger mit sich führen kann. Bei einem Angriff zieht man einen kleinen Stöpsel aus dem Gerät und die Sirene heult auf. Bei einer 12er-Packung H-Milch entfernten wir aus der Mitte eine Tüte und steckten die kleine Alarmsirene in die Lücke. Danach banden wir eine dünne Angelschnur an die Lasche des Sicherungsstöpsels und zogen die Schnur von der Unterseite durch eine Damenhandtasche. Wir befestigten sie direkt an der Tasche oder innen an einem mit Papierschnitzeln prallgefüllten Geldbeutel. Die Handtasche stellten wir auf den Milchkarton, um die Lücke mit der Sirene zu verdecken. Bei der Variante mit dem Geldbeutel blieb die Tasche einen Spalt geöffnet, um den Blick auf das »Geldbeutelleckerli« nicht zu verstellen. Griff nun der Täter nach dem Geldbeutel oder der Tasche, zog er automatisch den Sicherungsstift aus unserer Alarmanlage. Sobald die Alarmsirene ertönte, sollten vier Beamte, die als Kunden getarnt in den benachbarten Regalgängen lauerten, zum Einsatzort eilen und dem überraschten Täter den Weg versperren. So weit mein Plan.

Als die Einkaufswagen fertig präpariert waren, forderten wir für zwei Wochen einen Zug der Einsatzhundertschaft in Zivil an. Unseren Berechnungen zufolge würde der Täter demnächst in den späten Nachmittagsstunden wieder auf Raubzug gehen. Die jungen Kollegen der Einsatzhundertschaft waren sorgfältig eingewiesen worden und brannten nun darauf, den Serientäter zu schnappen. Die Beamten wechselten grüppchenweise durch, um nicht unnötig aufzufallen. Schließlich wussten wir nicht, ob nicht am Ende ein Mitarbeiter eines Kaufhauses involviert war.

Wieder hielt ich mich mit einem Kollegen in der Nähe des Einsatzortes auf. Diesmal sollte unsere Geduld nicht lange auf die Probe gestellt werden. Nach kurzer Zeit meldete sich der kleine Mann in meinem Ohr, ein winziger Funkempfänger. Soeben hatte der Täter wieder zugeschlagen und mehr als einhundertfünfzig Euro erbeutet. Wir eilten zum Tatort, wo uns ein ziemlich zerknirscht dreinblickender Beamter der Einsatzhundertschaft erwartete. Er begann seinen Bericht mit den einprägsamen Worten: »Ich bin das größte Rindvieh, das je bei der Polizei gearbeitet hat!« Diese Einleitung hatte ich nicht erwartet und ließ mir den Grund für seine Äußerung erläutern. Mit einer Kollegin als Pärchen getarnt, hatte der junge Kollege einen Einkaufswagen mit einer präparierten Damenhandtasche übernommen. Der Beamte war sich sicher, dass die Kripo keine Ahnung davon hatte, was im Kopf eines Diebes tatsächlich vor sich geht. Ein ordentlicher Dieb würde keinesfalls eine Handtasche stehlen, ohne sich zuvor zu überzeugen, dass sich das Ganze auch lohne. Wenn der Bösewicht den Reißverschluss unserer Tasche öffnete, würde er aber nur Säckchen mit Sand und dicke Lagen Karton entdecken und die Tasche unberührt stehen lassen. Bei einem gut gefüllten Geldbeutel hingegen würde er zuschlagen, die Tasche hochheben und damit die Alarmsirene auslösen. Dann könnte man den Täter umzingeln und dingfest machen. Da würden die Herren Kriminaler Augen machen ...

So weit der Plan des hoffnungsvollen Nachwuchsbeamten. Er hatte in seinen Augen nur einen winzigen Schönheitsfehler: Man benötigte einen Geldbeutel mit viel Geld! Aber dem Findigen ist nichts zu schwer. Ein schneller Griff in die Gesäßtasche, und schon hielt der Beamte seinen eigenen Geldbeutel samt Dienstausweis, Scheckkarte, Personalausweis, Führerschein und anderen persönlichen Dingen in der Hand. Zwanzig Euro jedoch erschienen ihm als Anreiz deutlich zu wenig. Aber auch das war kein Problem, schließlich war man ja zu viert. Die Gruppe legte ihre Barschaft zusammen, das ergab gut dreihundert Euro. Rein damit in den Geldbeutel des cleveren Kollegen und – schwupps – verschwand die Börse in der Handtasche. Damit der Täter den Köder auch wirklich schlucken würde, ließ man den Geldbeutel zur Hälfte oben herausschauen. Es wäre doch gelacht, wenn der Täter da widerstehen könnte!

Die Kollegen schoben den Wagen in einen unbelebten Gang und verteilten sich in Hörweite. Irgendwann in der nächsten halben Stunde zeigte sich, dass der junge Kollege uns Kriminalern durchaus ebenbürtig war. Denn sein Plan ging auf – zumindest der erste Teil. Der Täter konnte tatsächlich nicht widerstehen und griff sich den Geldbeutel. Ob er ihn jedoch wirklich öffnete und den Inhalt prüfte, ehe er ihn an sich nahm, ließ sich bis heute nicht klären. Fest steht lediglich, dass er den Geldbeutel entwendete. Nachdem er hatte, was er wollte, ließ er die Handtasche mitleidig zurück. Hatte die arme Besitzerin doch so schon Schaden genug. Etwas später, bei einer Routinekontrolle des verwaisten Einkaufswagens, registrierten die Kollegen immerhin den fehlenden Geldbeutel, wenngleich sie vom Diebstahl selbst und vom Täter nichts bemerkt hatten. Denn leider hatten sie es versäumt, den Geldbeutel mit der Alarmsirene zu verbinden. Ich verzichtete darauf, irgendwelche Bemerkungen über den Einfallsreichtum des jungen Beamten zu machen – das erledigte er schon ganz allein.

Aufgrund der Höhe der Beute verhielt sich der Täter an diesem Tag und auch am nächsten ruhig. Am übernächsten Abend standen wir wieder bereit. Gegen 18 Uhr lösten mein Partner und ich eine Gruppe der Einsatzhundertschaft für eine Kaffeepause ab. Es waren noch keine zehn Minuten vergangen, als eine jüngere Frau die Treppe ins Untergeschoss herunterkam. Man sah ihr sofort an, dass sie drogenabhängig war, ihre Augen wanderten unstet herum. Offensichtlich hielt sie nach leichter Beute Ausschau. Wir hatten unseren Wagen gerade in einem Quergang abgestellt, als die Frau ihn entdeckte. Sie zögerte einen winzigen Augenblick, dann hatte sie sich entschieden. Gleich darauf ertönte das durchdringende Pfeifen der Alarmanlage. Sie lief mir mit der präparierten Tasche unter ihrer Jacke geradewegs in die Arme. Als sie merkte, dass irgendetwas nicht mit rechten Dingen zuging, duckte sie sich gehetzt und suchte offensichtlich nach einer Möglichkeit zu entkommen. Auf der Seite meiner hundertzwanzig Kilogramm war ein Durchbruchsversuch jedoch sinnlos und so wendete sie den Kopf und blickte nach hinten. Als sie meinen fröhlich grinsenden Kollegen sah, der bis auf drei Schritte herangekommen war, entspannte sie sich, und sie fing an zu lachen. »Ha, ha, das kenne ich. Das hab ich schon mal gesehen – das ist versteckte Kamera!«

Als mein Kollege – freundlich wie immer – bedauernd erwiderte: »Leider nicht, gnädige Frau, das ist versteckte Kriminalpolizei«, dauerte es eine Weile, bis sie begriff. Offenbar zum Zeichen ihrer großen Dankbarkeit, nicht auf den plumpen Trick eines Fernsehsenders hereingefallen zu sein, gewährte sie uns einen kleinen Einblick in ihr reichhaltiges Repertoire an Kraftausdrücken. Bei der Durchsuchung ihres Rucksacks und später ihrer Wohnung wurden Dokumente und Gegenstände gefunden, die den Nachweis von sieben weiteren Diebstählen ermöglichten, darunter zwei Fälle aus unserer Serie. Obwohl die Beschuldigte nur die Taten einräumte, die ihr zweifelsfrei nachgewiesen werden konnten, endete die Serie mit der Festnahme der Frau abrupt.

Übrigens ist es nicht mehr als ein Gerücht, dass ein bestimmter cleverer Kollege sich nur noch dann Geld leihen kann, wenn er verspricht, damit keine Ganoven zu fangen.

Ein besonders aufsehenerregender Fall nahm Anfang des Jahres 1995 seinen Lauf, als mir zugetragen wurde, dass mit einer großen Kaufhausdetektei in der Münchner Innenstadt irgendetwas nicht stimmen könne. Deren Chef, Ulrich H., beschäftige in fünf großen Kaufhäusern Detektive und sogenannte Doormen, dabei sei er selbst bereits bei einem Ladendiebstahl ertappt worden. Außerdem munkelte man, dass ertappte Diebe erpresst würden, sich von der Erstattung einer Strafanzeige freizukaufen. Das klang zwar alles ein bisschen abenteuerlich, aber die Erfahrung hatte mich gelehrt, dass auch im Sicherheitsgewerbe immer wieder schwarze Schafe ihr Unwesen treiben. So beantragte ich einen richterlichen Durchsuchungsbeschluss für dieses Detektivbüro und beschlagnahmte zwei Ordner mit fast siebenhundert Durchschriften von Diebstahlsprotokollen.

Ich stellte rasch fest, dass die Originale zu knapp fünfhundert der abgelegten Kopien nie bei der Polizei gelandet waren, obwohl fast durchweg vermerkt war, dass die Beschuldigten an die Polizei übergeben worden seien. Außerdem stammten die Protokolle von fast fünfzig Detektiven, die allesamt als Angehörige besagter Detektei firmierten – und das, obwohl beim Gewerbeamt lediglich drei Mitarbeiter angemeldet waren! Dazu muss man wissen, dass jeder Beschäftigte eines Bewachungsunternehmens – wozu auch Kaufhausdetekteien gehören – vor Aufnahme seiner Tätigkeit dem Gewerbeamt gemeldet werden muss. Erst wenn dort eine Zuverlässigkeitsprüfung erfolgt ist, darf er eingesetzt werden. Der Braten begann zu riechen.

Als Nächstes überprüfte ich die Personalien der Detektive und konnte das Ergebnis kaum glauben: Fast alle hatten bei uns bereits Kriminalakten. Nachdem ich sie in unserem

Archiv angefordert und erhalten hatte, bekam ich abermals Grund zu staunen. Angeliefert wurden sie nämlich mit einem Kleintransporter, und ich musste einen zweitürigen Aktenschrank räumen, um sie unterzubringen. In den nächsten Tagen widmete ich mich dem Aktenstudium der ehrenwerten Gesellschaft. Aha – ein Objektleiter, der die Aufsicht über neun Sicherheitsmitarbeiter ausübte, hatte bis vor Kurzem eine vierjährige Freiheitsstrafe verbüßt. Und zwar wegen Einbrüchen in knapp hundert Villen mit Millionenschaden. Zwei der Villen hatte er angezündet und nahezu vollständig eingeäschert, um verräterische Spuren zu vernichten. Ein anderer Objektleiter hatte früher einer Bande von internationalen Autodieben und Autoschiebern angehört und ihm eilte der Ruf voraus, dass es kein Schloss gäbe, das er nicht aufbekäme. Er hatte ebenfalls eine Gefängnisstrafe verbüßt. Gefährliche Körperverletzung, Rauchgifthandel, sexuelle Nötigung, immer wieder Einbrüche, Betrügereien, Diebstähle in allen Varianten, Unterschlagungen, Automatenaufbrüche, Straßenraub, falsche Verdächtigung, Dokumentenfälschung, Bedrohung, Widerstand gegen Vollstreckungsbeamte – kurz, das Spektrum der Straftaten, mit denen sich die Detektive aus eigenen Erfahrungen heraus bestens auskannten, war breit gefächert. Bemerkenswert waren auch zwei weitere Mitarbeiter der Bewachungsfirma: Ein abgewiesener Asylbewerber arbeitete mit einem gekauften Pass unter falschem Namen in der Detektei und ein anderer Detektiv wurde mit Haftbefehl gesucht. Diese Firma war es wohl wert, einmal genauer unter die Lupe genommen zu werden.

Als Nächstes galt daher meine Aufmerksamkeit den Ladendieben. Von rund siebenhundert angeblich angezeigten Straftaten, konnte ich nur etwa zweihundert als tatsächlich bei der Polizei bekannt ermitteln. Die Mehrzahl der dort genannten Personalien existierte in keiner Datei, weder bei den Meldebehörden noch waren die Namen jemals bei irgendeinem Strafverfahren aufgetaucht. Ganz offensichtlich waren diese Anzeigen frei erfunden. Dies ist ein probates Mittel unehrlicher Detekteien, um dem Arbeitgeber vorzutäuschen, dass man mehr Ladendiebe zur Strecke gebracht hat, als dies tatsächlich der Fall ist. So kann man oder konnte man zumindest damals die monatliche Fangprämie, die abhängig war von der Zahl ertappter Diebe, erhöhen. Außerdem hebt eine hohe Fangquote das Ansehen der Detektei und sichert weitere Aufträge. Der Trick funktioniert ganz einfach: Man sucht beliebige Namen und Adressen zum Beispiel aus einem Telefonbuch heraus und überträgt sie in Anzeigenformblätter. Oder man erfindet Personalien, gern von angeblichen Touristen mit Wohnsitz im Ausland. Dazu ersinnt man einen Sachverhalt und vermerkt, dass der Beschuldigte nach der Anzeigenaufnahme wieder entlassen wurde, da er einen gültigen Pass oder Personalausweis vorgelegt habe. Mit dem Hinweis, dass das Original der Strafanzeige an die Polizei bzw. die Staatsanwaltschaft weitergeleitet wurde, schließt man den Vorgang ab. Sodann heftet man die Durchschrift der »Anzeige« in dem Ordner für den Auftraggeber ab, das für die Polizei gedachte Original hingegen wirft man einfach weg.

Die restlichen Anzeigen waren für mich indes von besonderem Interesse. Auf achtzehn Durchschriften standen Personalien von Beschuldigten, die tatsächlich existierten. Und keine dieser Anzeigen war bis dato an die Polizei weitergeleitet worden, obwohl die Taten Monate zurücklagen. Vorwiegend handelte es sich dabei um Rentner. Der Wert der jeweiligen Beute war gering, meist ging es um Lebensmittel. Auf diese Personen richtete sich meine Hoffnung. Zunächst informierte ich die Staatsanwaltschaft und wir beschlossen, eine eigene Ermittlungsgruppe zu installieren. Die sachbearbeitende Staatsanwältin sagte zu, die Verfahren gegen die in den nicht registrierten Anzeigen genannten Personen wegen Geringfügigkeit sofort nach der Eröffnung wieder einzustellen, sodass diese als Zeugen frei aussagen konnten, ohne eine Bestrafung befürchten zu müssen. In den nächsten zwei Wochen lernten wir eine Reihe von Senioren kennen, die nach einem arbeitsamen und entbehrungsreichen Leben nun im Alter eine minimale Rente erhielten, die – wie wir in Bayern sagen – zum Sterben zwar zu viel, aber zum Leben zu wenig war. So hatten sich diese alten Leute schweren Herzens dazu entschlossen, mal ein Stück Salami oder eine Packung Kaffee, eine Tafel Schokolade für den Enkel oder auch nur ein Stückchen Butter zu stehlen – für sie Luxusartikel, die sie sich nicht leisten konnten. Und auf genau diese Klientel hatten es die Detektive abgesehen. Leute, die weder weglaufen noch Widerstand leisten konnten, die sich schämen würden, über ihre Taten zu sprechen, und die kein Geld für einen Rechtsanwalt hatten. Teils zittrige Greise, die so eingeschüchtert werden konnten, dass sie zu allem Ja sagen würden, wenn ihnen nur die in Aussicht gestellte langjährige Gefängnisstrafe erspart bleiben würde.

So erfuhr ich von einer völlig einsamen 85-jährigen Frau, die ein Detektiv nach dem Diebstahl eines Päckchens Wurst gezwungen hatte, ihre gesamte Rente in Höhe von umgerechnet zweihundertzwanzig Euro abzuheben und ihm auszuhändigen – natürlich ohne Quittung. Eine andere alte Frau, die nur zehn Euro bei sich hatte, musste im Büro einen Scheck über zweihundertfünfzig Euro ausstellen, ihre gesamten Ersparnisse. Mit jeder Vernehmung wuchs in mir die Verachtung für die Niederträchtigkeit der Detektive, die vor keinem Mittel zurückgescheut hatten, um an Geld zu gelangen. Wenn die Rentner die geforderten Summen nicht aufbringen konnten, versuchten die Detektive durch unbarmherziges Taktieren, den höchstmöglichen Betrag herauszupressen. Häufig waren bei solchen »Verhandlungen«

mehrere Detektive zugegen und besprachen sich vor den Ladendieben, ob die angebotenen »Abstandssummen« ausreichend hoch waren. Sie sinnierten darüber, wie schlimm es doch wäre, wenn etwa die Rentnerin nun für viele Jahre ins Gefängnis müsste, wo sie höchstens ein- oder zweimal im Jahr Besuch bekommen dürfte. Und sie machten dem 78-jährigen behinderten Sozialhilfeempfänger deutlich, wie peinlich es doch wäre, wenn die Polizei ihn in Handschellen nach Hause brächte, um seine Wohnung zu durchsuchen. Vor allem die älteren Ladendiebe waren den Detektiven praktisch hilf- und schutzlos ausgeliefert. So gingen schließlich alle der achtzehn ermittelten Personen auf das »Angebot« der Detektive ein, gegen Bezahlung der Schande und dem Gefängnis zu entgehen.

Eine weitere Methode, illegal und beinahe risikolos an Geld zu kommen, erschlossen sich die Mitarbeiter, indem sie völlig arglosen, aber immer betagten Kunden im Vorbeigehen einen Gegenstand in die Manteltasche oder den Einkaufskorb steckten. Am Ausgang wurde dieser Gegenstand bei einer »zufälligen Kontrolle« entdeckt. War der Kunde nicht gewillt, durch Bezahlung einer »Anzeigenabstandssumme« seine Schuld anzuerkennen, wurde offiziell Anzeige erstattet und vom »Dieb« die Bezahlung einer Fangprämie verlangt. Drogenabhängige junge Frauen, die tatsächlich bei Diebstählen ertappt worden waren, mussten Ulrich H. und seinen Objektleitern im Detektivbüro zu Willen sein, wollten sie nicht riskieren, in Haft zu kommen. Die Frauen aber fürchteten den »kalten Rauschgiftentzug« im Gefängnis. Hatte man ein passendes Opfer gefunden, wurde Ulrich H. informiert. Über Funk erhielten die übrigen Detektive und Doormen die Anweisung, das Büro die nächsten zwei Stunden nicht zu betreten.

Ulrich H. manipulierte außerdem die Stundenabrechnungen seiner Mitarbeiter und betrog so seinen Auftraggeber.

Allein in einem Zeitraum von sechs Monaten (für den die Stempelkarten noch sichergestellt werden konnten), entstand jedem der Auftraggeber monatlich ein Schaden zwischen fünf- und achttausend Euro. Für diese Betrügereien mussten Arbeitszeitnachweise doppelt oder gar dreifach geführt werden, um einerseits nicht zu viel Lohn zu bezahlen und andererseits dem Auftraggeber eine stimmige Abrechnung vorlegen zu können. Diese Manipulationen waren nur möglich, weil die fünf Objektleiter der Kaufhäuser und die Sekretärinnen des Bewachungsunternehmens mit Ulrich H. unter einer Decke steckten. Bei einer Aktion mit mehr als sechzig Beamten wurden die zehn Hauptverdächtigen zeitgleich vernommen, zuvor hatten wir ihre Wohnungen bzw. Büros durchsucht. Dabei konnten erneut dreißig Straftaten geklärt und neun weitere Detektive als Beschuldigte ermittelt werden. Nebenbei wurden einundvierzig bis dato der Polizei nicht bekannte Ladendiebstähle offenkundig und entsprechende Ermittlungsverfahren eingeleitet. Zudem ergab sich der dringende Verdacht, dass Ulrich H. eine Gruppe Jugendlicher dazu angestiftet hatte, eine Diskothek »auseinanderzunehmen«, was ihm zu seinen bereits siebzehn Strafanzeigen eine weitere wegen Landfriedensbruchs eintrug.

Neben den bereits genannten Delikten konnten den Detektiven noch eine ganze Reihe weiterer Straftaten nachgewiesen werden, nämlich Raub in Mittäterschaft, Amtsanmaßung, Körperverletzung, Sachbeschädigung, Ladendiebstahl, schwere Nötigung, Unterschlagung, Hehlerei, Vortäuschen einer Straftat, Urkundenfälschung, Verleumdung, Freiheitsberaubung und falsche Verdächtigung. Als die Ermittlungen nach einem halben Jahr beendet waren, mussten sich fünf Kaufhäuser nach neuen Detekteien umschauen. Die Medien aber titelten ihre Meldungen über den Fall, der großes Aufsehen erregte, mit der Schlagzeile »Die Mafia der Kaufhausdetektive«!

Die falsche Beleuchtung

Als sich der folgende Fall ereignete, war ich bereits seit mehr als zwanzig Jahren im Dienst und es gab nichts – so meinte ich zumindest –, das mir an menschlicher Dummheit noch nicht untergekommen wäre. Diese Meinung musste ich jedoch revidieren, als ich eine Anzeige las, die ein junger Mann nachts bei einer Innenstadtinspektion erstattet hatte. Dabei kam mir der Ausspruch eines erfolgreichen Handelsvertreters aus meinem Bekanntenkreis in den Sinn, man könne alles und zu jedem beliebigen Preis verkaufen, wenn man nur den passenden Trottel finde. Und er fuhr fort, dass jeden Tag mindestens einmal so ein Blödmann durch die Fußgängerzone laufe. Der unbekannte Täter in meinem Fall musste zweifellos ein Genie sein, was das Aufspüren von Einfältigen anbelangte. Und obwohl er seinem Opfer nicht einmal etwas verkaufen oder eine andere Gegenleistung versprechen musste, kassierte er dennoch einen Wert von rund 125 000 Euro! Das gute Geschäft nahm für den Täter seinen Anfang, als besagter Trottel – im Folgenden wertfrei als Geschädigter bezeichnet – eines Abends beschloss, einen kleinen Zug durch die Kneipen zu machen und den Abend in einer In-Disco zu beenden. Der knapp 25-jährige Geschädigte, dessen Profession ausschließlich daraus bestand, der einzige Sohn schwerreicher Eltern zu sein, hatte sich für die nächtliche Tour fein herausgeputzt. Dazu gehörten nicht nur erlesene Klamotten und vermutlich handgebügelte Seidentaschentücher, sondern auch – man möchte die Damenwelt ja schließlich durch den Geruch des Reichtums stimulieren – eine Uhr, die die Aufmerksamkeit potenzieller Bewunderinnen erregen und vermutlich von seiner eher unscheinbaren Figur und seiner fehlenden geistigen Potenz ablenken sollte. Die massiv goldene Uhr stammte aus der

Werkstatt einer bekannten Schweizer Nobelfirma und war mit Brillis und anderen Klunkern so üppig bestückt, dass selbst ein Sehbehinderter von all dem Glanz und Gefunkel geblendet gewesen wäre. Der Clou an der Uhr aber war zweifellos der Preis: Papa hatte dafür schlappe hundertfünfundzwanzigtausend Euro hingeblättert.

Mit diesem auffälligen und klobigen Kleinod am Handgelenk hatte unser Geschädigter bereits die Gäste einer Reihe von Lokalen erfreut, ohne bislang eine Begleitung zu finden. Schließlich landete er lange nach Mitternacht vor einer der bestbewachten Türen Münchens in einer schmalen, schlecht beleuchteten Altstadtstraße. Der Türsteher aber verweigerte ihm den Zugang zur Diskothek. Zu jener Zeit war der Job des Türstehers lausig bezahlt, man nannte die Herren geringschätzig »Rauswerfer« und der Besuch einer Kampfsportschule wurde üblicherweise als ausreichende Qualifikation für den Job erachtet. Und die Damen und Herren der Gesellschaft legten noch keinen gesteigerten Wert darauf, um ihre Gunst und Freundschaft zu buhlen.

Der Geschädigte war nicht der Einzige, der keinen Einlass erhielt. Vor ihm wartete ein jüngeres Pärchen, das offenbar darauf spekulierte, dass der Türsteher irgendwann doch ein Einsehen fände. Da trat aus dem Schatten ein Mann auf die kleine Gruppe zu und begann eine scheinbar angeregte Unterhaltung mit dem Pärchen. Schließlich drehte er sich zu dem Geschädigten um und verwickelte auch diesen in ein ebenso kurzes wie belangloses Gespräch. Plötzlich aber stutzte er. Sein Blick schien sich am Handgelenk seines Gegenübers förmlich festzusaugen. »Nein, was seh ich denn da! Eine leibhaftige Rolex! Und diese einzigartige Lünette. Das kann ich ja gar nicht glauben! Das ist die schönste Uhr, die ich jemals im Leben gesehen habe. Und ich kenne sie alle, das dürfen Sie mir glauben!« Der solcherart Angesprochene erkannte im Bruchteil einer Sekunde, dass sein Gesprächspartner mit außerordentlichem Sachverstand ausgestattet und gesellschaftlich über jeden Zweifel erhaben sein müsse. Wer sonst könnte wohl von sich behaupten, alle Nobeluhren dieser Welt zu kennen? Deshalb zauderte er nicht eine Sekunde lang, als der Fremde ihn darum bat, die optische Wirkung dieser einzigartigen Uhr einmal an seinem eigenen Handgelenk ausprobieren zu dürfen. Schwuppdiwupp nahm der Geschädigte die Uhr ab und gleich darauf genoss er den schönen Anblick seines Chronometers am Arm des Uhrensachverständigen. Der allerdings war mit der erhofften optischen Wirkung der Uhr nicht zufrieden und machte aus seiner Unzufriedenheit auch kein Geheimnis. »Irgendwie bricht sich das Licht nicht ausreichend in den Steinen, wissen Sie, das Feuer kommt in dieser düsteren Ecke nicht richtig zur Geltung. Das liegt sicher an der schwachen Straßenlampe hier. Hätten Sie etwas dagegen, wenn ich ein paar Schritte in Richtung jener Straßenlaterne dort hinten« – er zeigte die Straße hinunter – »gehen würde, dort erscheint mir der Lichteinfall deutlich besser?«

Und auch wenn es noch so unglaublich klingt: Der Berufssohn gestattete seinem neuen Freund sofort und ohne die geringsten Zweifel an dessen Rechtschaffenheit, sich mit der Uhr in Richtung Laterne fortzubewegen. Es wäre doch zu schade, wenn der ganze Vorführeffekt wegen so einer dämlichen Lampe wirkungslos verpuffen würde! Wie sich allerdings zeigte, war wohl auch die zweite Laterne nicht mit optimalen Leuchtstoffröhren bestückt, denn die Uhr mitsamt ihrem neuen Träger durchquerte den Lichtschein der Lampe ungebremst und näherte sich der dritten Laterne. Wie der Geschädigte zu seiner Enttäuschung gleich darauf registrieren musste, war auch diese Lichtquelle der Wirkung seiner brillantbesetzten Lünette eher abträglich. Denn nur das konnte der Grund sein, weshalb die Uhr nunmehr aus der kleinen Gasse abbog und am Arm des

Uhrenkundigen in der Querstraße verschwand. Anlass zur Sorge war dies keineswegs, als Ortskundiger wusste er, dass diese Querstraße nach wenigen hundert Metern in eine hell erleuchtete Hauptstraße einmünden würde.

Die Zeit verging. Wie lange er genau gewartet hatte, ehe er sich an das Pärchen vor ihm wandte, konnte der Geschädigte später nicht angeben, weil er ja keine Uhr mehr hatte. Jedenfalls sprach er das Pärchen schließlich an und bemerkte beiläufig, dass deren Freund ja ganz schön lange brauche, um die Wirkung der Uhr zu testen. »Freund? Welcher Freund?« »Na, der junge Mann, der vorhin bei Ihnen stand und dem ich meine Uhr geliehen habe.« »Sie meinen den dämlichen Typen, der uns vorhin angequatscht und genervt hat? Den kennen wir nicht, den haben wir vorher noch nie gesehen.«

Obwohl wir uns bemühten, Zeugen aufzuspüren, blieb die Uhr wie vom Erdboden verschwunden. Niemand hatte jemanden bemerkt, auf den die Beschreibung des Uhrensachverständigen zugetroffen hätte. Irgendwann mussten die Ermittlungen eingestellt werden, es gab keine weiteren Ansätze. In Fachzeitschriften und bei Händlern wurde vor dem Ankauf der Uhr gewarnt, die natürlich zur Fahndung ausgeschrieben war. Ein halbes Jahr war ins Land gegangen, als ich den Anruf eines Rechtsanwaltes erhielt. Ob ich für den Fall mit der unterschlagenen Rolex zuständig sei. Er rufe im Auftrag eines Mandanten an, der anonym bleiben wolle. Er selbst aber würde mich gern einmal aufsuchen. Wir vereinbarten einen Termin, der Anwalt erschien – und legte mir die verschwundene Rolex auf den Schreibtisch. »Das ist die Uhr, die Sie suchen, mein Mandant möchte, dass sie der Geschädigte wieder erhält. Das Ganze tut ihm leid. Übrigens: Spuren meines Mandanten werden Sie auf der Uhr nicht finden, die Mühe können Sie sich sparen. Mehr darf ich dazu nicht sagen. Guten Tag.« Sprach's, drehte sich um und ging. Ich verzichtete darauf, die Wirkung der Uhr an meinem Handgelenk zu testen. Der Geschädigte aber war hocherfreut, als er das gute Stück endlich wieder in Händen hielt. Er versprach hoch und heilig, die Uhr nur noch zu besonderen Anlässen zu tragen, und streifte sie flugs über. Der Ärmelrand seines Markenshirts endete weit oberhalb des Ellenbogens, sodass die Sonne an diesem herrlichen Sommertag die zahllosen Brillanten ungehindert ins rechte Licht rücken konnte. Mir blieb nur zu hoffen, dass er auf seiner Rückfahrt in der vollbesetzten U-Bahn niemanden treffen würde, dem die Beleuchtung dort unten zu düster erschien.

Der Schnäppchenmarkt

Wann immer ich irgendwo in einer Werbeanzeige das Wort »Schnäppchen« lese, muss ich sofort an einen Fall denken, den ich im November 1995 übernommen hatte. Damals war ein junger Mann nach dem Diebstahl eines Fernsehers und eines Videorekorders aus einer Filiale eines Fachhandels für Elektronik festgenommen worden. Einer aufmerksamen Zivilstreife der Polizei war der einschlägig bekannte Täter aufgefallen, als er die Geräte vor seiner Wohnung aus einem teuren Fahrzeug auslud. Bei der Kontrolle gestand der Mann, diese Teile entwendet zu haben. Zufällig habe er sie vor der Warenausgabe der Firma entdeckt. Als die Beamten ihn und sein Fahrzeug genau durchsuchten, fiel ihnen ein Warenausgabeschein in die Hände, auf dem diese beiden Geräte verzeichnet waren. Hatte womöglich ein Angestellter dem Beschuldigten diese ohne Vorlage einer Quittung ausgehändigt? Die Beamten informierten meine Dienststelle sofort telefonisch.

Schon vor einiger Zeit hatte ich einen anonymen Hinweis erhalten, dass ein Mitarbeiter der Warenausgabe, Werner F., und der jetzt Festgenommene Peter S. gemeinsam Diebstähle verüben würden, und diese Information auch an die Geschäftsleitung der Firma weitergegeben. Der Verantwortliche hatte aber nur belustigt erklärt, das sei ihm auch schon mal zu Ohren gekommen. Wir erfuhren, dass Werner F. bereits seit vielen Jahren ausschließlich im »braunen Lager« arbeitete, also für die Ausgabe von Fernsehern, Stereoanlagen, CD-Spielern, Videorekordern, Lautsprechern und Ähnlichem verantwortlich war. Er genieße das uneingeschränkte Vertrauen seiner Vorgesetzten. Der Mann sei noch keinen einzigen Tag krank gewesen und habe seit Jahren keine Gehaltserhöhung verlangt. Trotz eines Bandscheibenleidens habe Werner F. Angebote, innerhalb des Unternehmens eine körperlich leichtere Tätigkeit auszuführen, stets bescheiden abgelehnt. Werner F. sei immer fröhlich und gut gelaunt und eigentlich der Vorzeigemitarbeiter schlechthin. Daher hielt man die anonyme Mitteilung für nicht so wichtig und war auch nicht sonderlich an effektiven Überwachungsmaßnahmen interessiert. Nachdem jetzt endlich ein konkreter Ansatzpunkt für weitere Nachforschungen vorhanden war, nahm ich die Ermittlungen in dieser Sache wieder auf.

Die ersten Überprüfungen im Umfeld der beiden Beschuldigten ließen den Verdacht aufkommen, dass womöglich weitere Personen an den Diebstählen beteiligt waren, die jedoch ihrerseits nicht selbst bei dem geschädigten Unternehmen beschäftigt waren. Wie ich nun erfuhr, waren in dem Lager, in dem Werner F. arbeitete, seit mindestens 1990 jährlich Verluste in Höhe von zweihunderttausend Euro bis zu einer halben Million Euro festgestellt worden. Da der bisherige Schaden also wohl bei einigen Millionen Euro lag, ordnete unser Präsidium an, eine Sonderkommission unter meiner Leitung einzurichten. Parallel dazu wurden die Ermittlungen bei der Staatsanwaltschaft zentral der Wirtschaftsabteilung übertragen.

In der Woche vor Weihnachten führten wir eine lückenlose Observation der fraglichen Warenausgabe durch. Neben Unterhaltungselektronik wurde vor allem »weiße Ware«, wie Waschmaschinen, Geschirrspüler, Trockner oder Küchenherde ausgehändigt. Der normale Ablauf war folgender: Der Kunde bezahlte im Markt einen Artikel an der Kasse, erhielt einen quittierten Abholschein, gegen den er im Lager seine Ware nebst einem Ausgabeschein erhielt. Die Observation erbrachte vom ersten Tag an erstaunliche Erkenntnisse: Trotz des boomenden Weihnachtsgeschäftes gab es immer wieder kurze Phasen, in denen der Andrang an der Warenausgabe etwas nachließ. Dann blieb Werner F. allein im Lager, während seine beiden Kollegen die Zeit zum Mittagessen oder für eine Kaffeepause nutzten. Und nun passierte Merkwürdiges: Ohne zunächst erkennbaren Grund zog der Verdächtige die Rollos eines Seiteneingangs zur Hälfte in die Höhe. Auf dieses Zeichen hin starteten fast zeitgleich auf dem nahegelegenen Parkplatz Jeeps, Pick-ups und kleine Lieferwagen und fuhren mit hoher Geschwindigkeit vor der Warenausgabe vor. Die Fahrer und teils auch Beifahrer sprangen aus den Fahrzeugen, liefen in das Lager und kamen gleich darauf schwerbeladen mit Fernsehern, Videorekordern, Stereoanlagen und anderen Geräten zurück. Niemand hatte irgendeinen Schein vorgezeigt oder abgegeben, niemand kontrollierte das, was hinausgeschleppt wurde. Manche Abholer liefen mehrfach hintereinander ins Lager. Manchmal standen bis zu fünf dieser verdächtigen Fahrzeuge Schlange vor der Ausgaberampe. Dieses Treiben dauerte mehrere Minuten lang. Dann sprangen die Fahrer wie auf ein geheimes Zeichen hin wieder in ihre Autos und verschwanden.

Soweit uns das möglich war, observierten wir die Fahrzeuge und vermerkten die Lieferadressen. Innerhalb einer Woche konnten wir knapp fünfzig verdächtige Abholvorgänge dokumentieren und die entsprechenden Fahrzeughalter ermitteln. Zudem wurden auf richterliche Anordnung in den folgenden Monaten mehrere Telefonanschlüsse überwacht. Schließlich ergab sich ein Anfangsverdacht gegen siebenundachtzig Personen. Da die Staatsanwaltschaft bei fünfzig von ihnen sogar einen dringenden Tatverdacht gegeben sah, bereiteten wir eine groß angelegte Vernehmungs- und Durchsuchungsaktion vor, die an einem Morgen im Mai 1996 zeitgleich durchgeführt wurde. Auch für Wohnungen in Berlin, Augsburg und Ingolstadt lagen Beschlüsse vor. Mehr als zweihundert Polizeibeamte durchsuchten schlagartig fünfzig Objekte und brachten sechsundvierzig der Beschuldigten, die zu Hause angetroffen wurden, zur Vernehmung auf unsere Dienststelle. Bei den Durchsuchungen konnten knapp zweihundert Fernseher und andere Geräte der Unterhaltungselektronik mit einem Einkaufswert von mehr als einhundertsiebzigtausend Euro sichergestellt werden, zu deren Abtransport zwei große Lkws erforderlich waren. Auch fielen uns diverse Zufallsfunde in die Hände, so zwei scharfe Schusswaffen, Rauschgift und Falschgeld, aber vor allem große Mengen an hochwertigen Bekleidungsstücken, die – wie sich herausstellte – aus einem großen Münchner Modezentrum gestohlen worden waren. Außerdem hatte einer der Beschuldigten eine große Sammlung Tierpräparate geschützter Arten zu Hause, die natürlich ebenfalls beschlagnahmt wurde. Noch während der Vernehmungsaktion wurden weitere acht Beschuldigte bekannt und auf Gefahr im Verzug hin auch deren Wohnungen durchsucht. Dabei konnte weiteres Diebesgut im Wert von über fünfunddreißigtausend Euro sichergestellt werden.

Begonnen hatte die unglaubliche Diebstahlserie, als sich Werner F. von »zwielichtigen Personen aus dem Rotlichtmilieu« Geld geliehen hatte und dieses nicht termingerecht zurückzahlen konnte. Da verfiel er auf den Gedanken, Geräte aus seinem Verantwortungsbereich von Mittelsmännern abholen zu lassen und diese anschließend weit unter Ladenpreis im Bekanntenkreis zu verkaufen. Nachdem es bald eine immer größer werdende Nachfrage nach derartig günstigen Geräten gab, gestattete Werner F. einigen Leuten die »Direktabholung«. Für die Ware verlangte er zwischen einem Sechstel und der Hälfte des regulären Verkaufspreises. Nach und nach kristallisierten sich acht Großabnehmer heraus. Diese beauftragten später wiederum Mittäter, Waren gegen ein Entgelt von fünfundsiebzig bis hundert Euro pro Fuhre im Lager abzuholen und direkt an die Besteller auszuliefern. Da der illegale Handel immer größere Ausmaße annahm, organisierte Werner F. zwei »Bestellannahmen« in der näheren Umgebung des Elektronikmarktes: eine Tankstelle an einer großen Ausfallstraße im Norden, die praktischerweise rund um die Uhr geöffnet hatte, und eine Videothek. Im Zuge unserer Überwachungsmaßnahmen stellten wir ganz nebenbei dann auch noch fest, dass der Tankwart von einem Fahrer einer bekannten Münchner Brauerei palettenweise mit unterschlagenem Bier beliefert wurde. Da die genannten Anlaufstellen bald überfordert waren, konnte man schließlich auch in Diskotheken und Freizeitheimen in der näheren Umgebung Hehlerware bestellen. Einer der Täter hatte zudem Abnehmer in »Schaustellerkreisen in ganz Deutschland«, wie er bei seiner Vernehmung verkündete. Erbeuteten die Abholer Waren, für die noch keine konkreten Bestellungen vorlagen, so wurden diese zunächst in der Wohnung der Eltern eines Beschuldigten eingelagert und später dann, als die Lagerkapazitäten dort nicht mehr ausreichten, in einem kleinen Schuppen.

Die Bilanz unserer Soko, die nach fast einem Jahr ihre Arbeit einstellte, konnte sich durchaus sehen lassen: sechsundsiebzig Beschuldigten konnten in 448 Tatkomplexen Diebstähle und Hehlereidelikte mit einem Gesamtschaden in Höhe von weit über zwei Millionen Euro nachgewiesen werden.

Die Geheimagentinnen

Seit Wochen mehrten sich Anzeigen von ausnahmslos älteren Damen, die man in einem großen Friedhof im Norden Münchens bestohlen hatte. Über zwei Dutzend Fälle waren bereits aktenkundig. Einige Male hatten die Opfer unmittelbar vor den Taten zwei jüngere Männer gesehen. Leider war aber keine der Damen in der Lage, diese näher zu beschreiben. Die Täter gingen bei den Diebstählen immer auf die gleiche Art und Weise vor: Während die Damen sich um die Gräber ihrer Angehörigen kümmerten, stellten sie ihre Handtaschen ab. In einem günstigen Moment, beispielsweise wenn die Opfer verwelkte Blumen zu einem der Sammelkörbe trugen oder Gießwasser von einem Brunnen holten, schlugen die Täter zu.

Die Auswertung der Anzeigen ergab, dass die Taten bislang alle in der Zeit zwischen 14 Uhr und 17 Uhr irgendwo auf dem Areal des weitläufigen Friedhofs erfolgt waren. Und wieder (wie bei den bereits beschriebenen Diebstählen in der Fußgängerzone) fiel auf, dass die Häufigkeit der Taten offenbar mit der Höhe des erbeuteten Betrages in direktem Zusammenhang stand. Je höher die Summe, desto größer war der zeitliche Abstand zum nächsten Diebstahl. So drängte sich auch diesmal der Verdacht auf, dass es sich um Beschaffungskriminalität handelte. Deshalb wollten wir wieder einmal eine verdeckte Überwachungsaktion durchführen. Wir hatten diesmal zwar den Vorteil, einen ungefähren Anhaltspunkt zu haben, nach wem wir suchen sollten – zwei jüngere Männer –, jedoch zugleich das Problem, dass wir keine geeigneten Lockvögel aus den eigenen Reihen stellen konnten. Denn mit spätestens sechzig Jahren werden Polizisten in den Ruhestand verabschiedet. Wir Männer versuchten deshalb, unseren Kolleginnen den Gedanken schmackhaft zu machen, sich durch einen Maskenbildner auf »Oma« stylen zu lassen. Dieses Ansinnen stieß jedoch auf einhellige Ablehnung. Und das, obwohl wir versicherten, die Fotos, die wir zu Dokumentationszwecken anfertigen würden, nur einem wirklich auserwählten Kollegenkreis zugänglich zu machen.

Wir waren überzeugt davon, dass uns die Täter ins Netz gehen würden, wenn wir einen passenden Lockvogel finden würden – aber woher sollten wir den nehmen? Da kam uns der Zufall in Gestalt einer rüstigen kleinen Dame zu Hilfe, die eine Polizeistreife zu unserer Dienststelle brachte. Die Dame, 82 Jahre alt, war eben erst am Friedhof bestohlen worden und wollte Anzeige erstatten. Der Großteil ihrer Rente – etwas mehr als zweihundert Euro – war den Tätern in die Finger gefallen, die Dame war ebenso verzweifelt wie wütend. Während der Anzeigenaufnahme erfuhr ich, dass die Dame sich bereits mit anderen Betroffenen über die Diebstähle unterhalten hatte. Sie waren ins Gespräch gekommen, da die Friedhofsverwaltung an allen Eingängen Plakate mit Warnhinweisen angebracht hatte und dazu aufforderte, Wertsachen und speziell Taschen nicht unbeaufsichtigt zu lassen. Es herrschte Unsicherheit und Angst unter den älteren Friedhofsbesucherinnen. Nachdem ich der Dame versichert hatte, dass wir alles Erdenkliche unternehmen wollten, um dem unseligen Treiben ein Ende zu bereiten, strafte die Dame ihr betagtes Aussehen Lüge und bewies, dass sie noch lange nicht zum alten Eisen gehörte:

»Junger Mann, Sie müssen den Kerlen eine Falle stellen – sonst erwischen Sie die nie«, fing sie an. »Und ich weiß auch, wie!« Ich war gespannt, welchen Plan sich die kleine Frau vor mir ausgedacht hatte. »Ich habe mit zwei von den Mädels auf dem Friedhof gesprochen« – sie stockte und musste kurz schmunzeln, ehe sie fortfuhr – »Wir drei wollen die Burschen in eine Falle locken, und wenn sie dann kommen und unsere Taschen klauen, dann müssen Sie sie nur noch dingfest machen!« Donnerwetter, die Dame hatte Mut und Elan, das musste man ihr lassen. Behutsam erkundigte ich mich bei ihr, wie alt denn ihre beiden »Mädels« seien, und war von ihrer Antwort nicht wirklich überrascht. »Annegret wird im Herbst 85 und Edda, unser Nesthäkchen, ist gerade mal 78 Jahre alt!« Ich malte mir im Geiste aus, wie unsere potenziellen »Hilfssheriffs« mit Gehwagen und Hörgerät hinter Grabsteinen auf die Gangster lauerten und durch die Zweige immergrüner Grabbepflanzung spähten, während die bösen Buben ihre Handtaschen klauten. Doch andererseits – der Bulle in mir trat mir geistig gegen das Schienbein und flüsterte mir zu: »Greif zu, das ist die Gelegenheit ...«

So kam es, dass in der darauffolgenden Woche drei unscheinbare ältere Damen tagelang überall im Friedhof Unkraut jäteten oder Blümchen verteilten, obwohl sie in den meisten Fällen keinerlei Bezug zu den Verstorbenen hatten. Alle Gräber, die von den Damen betreut wurden, lagen abseits der Hauptwege, waren von schwer einsehbaren Buschreihen umgeben und weit weg vom nächsten Sammelkorb für Grünabfälle. Die Variante mit dem Gießen fiel leider die ganze Woche über aus, da diesen Part Petrus übernommen hatte. Ein feiner Nieselregen fiel fast ohne Unterlass aus einer düsteren Wolkendecke und machte es den drei neuen Friedhofswärtern auf ihren schwergängigen 26-Zoll-Fahrrädern mit der Aufschrift »Friedhofsverwaltung« schwer, die Damen im Auge zu behalten.

Vor dem Beginn unserer Überwachungsmaßnahmen hatten wir uns mit unseren zu allem entschlossenen »Agents provocateurs« in einem nahegelegenen Café getroffen und die Einzelheiten der geplanten Aktion besprochen. Dabei trichterte ich den vor Jagdeifer fiebernden Damen ein, dass sie nichts, aber auch gar nichts unternehmen durften, womit sie sich in irgendeiner Weise gefährden könnten. Sie sollten lediglich die von uns mit sogenannten Fangmitteln (einer Chemikalie) präparierten Taschen abstellen und sich dann unauffällig unter einem plausiblen Vorwand entfernen. In gewissen Abständen sollten sie zu ihrer Tasche zurückkehren und uns sofort über kleine Funkgeräte, in deren Bedienung wir sie eingewiesen hatten, alarmieren, sobald eine Tasche verschwunden war.

Ich hatte – wieder einmal – diverse Beamte in Zivil zur Unterstützung angefordert, die sich außerhalb der Friedhofsmauer mit Blick auf die Ein- bzw. Ausgänge verdeckt aufstellten. Sobald ein Mann den Friedhof betrat, wurden die mobilen Observanten auf ihren Fahrrädern informiert. Solange es unauffällig möglich war, wurden die Besucher auch im Friedhof beobachtet. Ansonsten hofften wir auf eine Funknachricht durch eine unserer »Agentinnen«. Erfolgte ein Diebstahl, war vereinbart, dass die Zivilstreifen sämtliche Ausgänge besetzen sollten. Sollten die Täter Verdacht schöpfen und vor dem Verlassen des Friedhofs die erbeutete Tasche wegwerfen, würde man den Dieb dennoch an den Fangmittelrückständen an seinen Händen identifizieren können.

So vorbereitet begannen wir an einem Montag kurz nach 13 Uhr unsere Aktion. Trotz des unfreundlichen Wetters hatten sich die Damen nicht davon abhalten lassen, auf die Pirsch zu gehen. Die Friedhofsverwaltung hatte mir ein Fahrrad zur Verfügung gestellt, das diesen Namen eigentlich nur mehr von der äußeren Form her verdiente. Es war längst ausgemustert, musste aber auf mein Drängen hin seinen Platz in einem Schuppen mit altem Gerümpel verlassen. Es gab nämlich nur zwei funktionsfähige Räder, die ich meinen Kollegen überlassen hatte. Der niedere Rahmen und die 26-Zoll-Reifen meines Fahrrades waren für meine Körperlänge eher suboptimal, beim Treten stieß ich mit den Knien an die Lenkstange. Die war in niedrigster Stellung eingerostet und ließ sich trotz aller Kraftanstrengung keinen Millimeter nach oben verstellen. Der Sattel ließ sich nicht mehr arretieren, weshalb er auf dem Rahmen auflag und sich unter mir bei jedem Tritt hin und her bewegte. Als kleinen Ausgleich hatte das Tretlager eine Unwucht. Die Handbremse bestand nur noch aus dem Handgriff, das zugehörige Kabel war längst dem Zahn der Zeit anheimgefallen. Die Schaltung hatte ihren Geist aufgegeben, und das rückwärtige Schutzblech war etwa in der Mitte abgebrochen. Bei trockenem Boden kein Problem, aber angesichts des Dauerregens fatal, schon nach wenigen gefahrenen Kilometern bildete sich auf meinem Rücken eine Spur aus Schlamm und Dreck.

Das einzige Argument, das mich auf diesem Drahtesel hielt, war das deutlich sichtbare Schild »Friedhofsverwaltung« an der Lenkstange, das ausreichende Tarnung garantierte. Nur so konnte ich Runde um Runde durch den fast menschenleeren Friedhof ziehen, ohne sofort Argwohn zu erwecken. Wann immer ich bei einer der Damen vorbeikam, signalisierten sie mir, dass alles in Ordnung war. Meine Angebote, die Überwachung vorübergehend für eine Tasse heißen Tee zu unterbrechen, wurden stets abgelehnt. Zu sehr waren sie von dem Gedanken besessen, die Diebe zur Strecke zu bringen. Gelegentlich erwachte mein Funkgerät, wenn die Kollegen einen Mann meldeten, der den Friedhof betrat. Allerdings handelte es sich stets um ältere Männer in Begleitung von Frauen. So vergingen der erste und auch der zweite Tag, ohne dass sich die Täter blicken ließen. Sollten sie am Ende von unserer Überwachung etwas mitbekommen haben?

Auch der Mittwochnachmittag neigte sich dem Ende zu. In wenigen Minuten würden wir die Überwachung für diesen Tag beenden. Einige der Zivilstreifen an den Ausgängen hatten wir bereits entlassen müssen, da sie für andere Einsätze dringend benötigt wurden. Da meldete sich einer unserer Lockvögel aufgeregt am Funk. Die Stimme der Dame überschlug sich förmlich und ich konnte aus dem Wortschwall mehr erahnen als verstehen, dass ihre Tasche verschwunden war. Innerhalb der letzten zehn Minuten mussten die Täter zugeschlagen haben, gesehen hatte sie jedoch niemanden. Ich organisierte die Absperrung der Ausgänge, um die bereits abgezogenen Zivilstreifen zu ersetzen, forderten wir über die Einsatzzentrale uniformierte Streifen an. Doch trotz aller Bemühungen und der akribischen Absuche des Friedhofsgeländes blieben die Täter wie vom Erdboden verschwunden. Dafür fand sich in einem Gebüsch nahe einem Ausgang die entwendete Tasche. Wir hatten sie mit einigen Utensilien glaubhaft präpariert. Unter anderem war auch eine Geldbörse mit nur wenigen Geldstücken in der Tasche. Diese Münzen waren mit Fangmittel präpariert und nun verschwunden. Wie sich herausstellte, hatten die Täter den Friedhof durch einen der zuletzt nicht mehr observierten Ausgänge verlassen. Das war ausgesprochenes Pech! Dennoch bestätigte der erneute Diebstahl, dass zum einen unsere Überlegungen richtig waren und sie zum anderen unsere Überwachungsaktion nicht bemerkt hatten. Da sie an diesem Tag praktisch keine Beute gemacht hatten, gingen wir davon aus, dass sie am kommenden Tag zurückkehren würden. Nun hatten wir den Vorteil, dass mindestens einer der Männer Fangmittelrückstände an seinen Händen haben musste.

Am darauffolgenden Tag musste ich zum Glück mein Schrottrad nicht mehr über Gebühr strapazieren: Bereits eine halbe Stunde nach dem Beginn der Observation meldete einer der zivilen Außenposten zwei Verdächtige. Nun wollte ich kein Risiko mehr eingehen. Einer unserer »Fahrradbeamten« folgte den Männern verdeckt in großem Abstand. Während er laufend ihre Position durchgab, zogen wir die Einsatzkräfte zusammen. Wir beschlossen, jedes weitere Risiko für unsere »Geheimagentinnen« auszuschließen und deswegen die Männer vorher anzuhalten und zu kontrollieren. Die Überraschung gelang, unversehens waren die Männer von einer größeren Anzahl von Beamten umringt. Ohne den geringsten Widerstand zu leisten, folgten die Männer unseren Anweisungen. Als wir sie mit dem Verdacht konfrontierten und erklärten, ihre Hände auf Fangmittelrückstände überprüfen zu wollen, gaben sie unumwunden zu, am Vortag eine Tasche entwendet zu haben. Nachdem sie uns an die Stelle geführt hatten, an der sie die Tasche in das Gebüsch geworfen hatten, gab es keinen Zweifel mehr – wir hatten die Täter! Der Rest war Routine. Festnahme, Wohnungsdurchsuchungen, Vernehmung. Die beiden hatten die Beute tatsächlich zum Ankauf von Betäubungsmitteln verwendet. Dank der mutigen Unterstützung der drei Damen war es gelungen, der Diebstahlserie ein Ende zu bereiten. Obwohl man unseren »Agentinnen« deutlich anmerkte, dass sie ein spektakuläreres Ende ihres Einsatzes erhofft hatten, freuten sie sich sichtlich über die Einladung zu einem Essen, bei dem wir ausgiebig ihren tapferen Einsatz und den dadurch ermöglichten Erfolg feierten.

Gewichtsprobleme

An einem schönen Herbsttag machte sich ein Maler daran, die Fassade eines mehrstöckigen Wohn- und Geschäftshauses zu streichen. Als er von seiner Leiter aus zufällig in ein Appartement im ersten Obergeschoss blickte, stutzte er. Hunderte, wenn nicht sogar Tausende von Büchern waren bis zur Höhe des Fensterbretts gestapelt. Es waren keine Möbel zu sehen, nur Bücher. In einer Arbeitspause erzählte er dem Hausmeister der Wohnanlage von seiner Entdeckung. Der wunderte sich, war doch das betroffene Appartement nicht als Lagerraum, sondern an einen Vietnamesen, Chim V., als Wohnung vermietet. Schließlich teilte der Hausmeister seine Beobachtung der Polizei mit. Bei einer routinemäßigen Überprüfung der Personalien des Bewohners wurden die Beamten stutzig. Chim V., ehemals als hoch angesehener Ingenieur in der Rüstungsindustrie tätig, war bereits einige Jahre zuvor mit Diebstählen von mehr als dreitausend wissenschaftlichen Büchern im Wert von einigen hunderttausend Euro aufgefallen. Sein damaliger Arbeitgeber hatte ihm deshalb gekündigt. Das Gericht ließ Gnade mit dem seither arbeitslosen Wissenschaftler walten und verurteilte ihn lediglich zu einer Freiheitsstrafe auf Bewährung. Die Bücher waren seinerzeit den geschädigten Bibliotheken zurückgegeben worden. Sollte Chim V. erneut seiner illegalen Sammelleidenschaft gefrönt haben?

Nach mehreren Tagen konnte der Ingenieur schließlich zu Hause angetroffen werden. Nachdem er sich bezüglich der Herkunft seiner Bücher immer mehr in Widersprüche verwickelte, wurde Chim V. festgenommen und dem Ermittlungsrichter vorgeführt, der Haftbefehl erließ. Zusammen mit Kollegen machte ich mich bald darauf an die Durchsuchung der Wohnung. Schon der erste Blick reichte, um den

Diebstahlsverdacht zu erhärten. In allen Büchern fanden sich Stempeleindrucke oder Aufkleber diverser Bibliotheken. Eine schnelle telefonische Nachfrage bei zwei der betroffenen Bibliotheken bestätigte, dass die Titel in ihren Unterlagen als gestohlen geführt wurden.

Die Menge der aufgestapelten wissenschaftlichen Fachbücher war beeindruckend. Bis zur Höhe von etwa einem Meter war die gesamte Bodenfläche bedeckt. Es gab tatsächlich keinerlei Mobiliar, lediglich eine Schaumstoffmatratze auf einem Stapel mit Büchern, ein kleiner Stuhl und verschiedene Bekleidungsstücke sowie Waschzeug im Bad ließen erkennen, dass in diesem Wirrwarr offensichtlich auch ein Mensch hauste. Später bestätigte uns Chim P. bei der Vernehmung, dass er auf besagter Matratze seit Jahren nächtigte.

Während wir noch beratschlagten, wie wir die Bücher sicherstellen könnten, fiel mein Blick beiläufig auf die Wände des Raumes. Ich stutzte. Denn knapp unterhalb der Decke verlief ein etwa ein Zentimeter breiter Riss ringsum. Man brauchte kein Experte zu sein, um zu erkennen, dass sich der Raum unter der schweren Last offensichtlich gesenkt hatte. Das sah beunruhigend aus. Ein Fachmann musste beurteilen, ob aufgrund des Gewichts der Bücher für den Fußboden Einsturzgefahr bestand. Vorab galt es zu klären, welche Räumlichkeiten sich unterhalb des Appartements befanden und ob sich dort bereits Schäden feststellen ließen.

Es war eine Arztpraxis, für die man die Zwischenwände von mehreren Einzimmerappartements entfernt hatte. Die Last der Bücher drückte also ohne weitere Abstützung durch tragende Mauern auf die Zimmerdecke der Arztpraxis. An einigen Stellen war bereits Putz abgebröckelt und die Wand notdürftig wieder vergipst worden. Jetzt gab es kein Zaudern mehr. Ich verständigte die Feuerwehr, schilderte mein Anliegen und bat darum, umgehend einen Statiker zu entsenden. Es dauerte nicht lange, da rollte ein Einsatzfahrzeug der Feuerwehr neben unserem Dienstwagen aus. Den diversen »Hmmms« des Statikers nach war der Zustand des Bauwerkes nicht unbedenklich. Nach einer Reihe weiterer »Hmmms« war er zu einem Entschluss gelangt: »Die Bücher müssen raus, und zwar so schnell wie möglich!« Das hatte ich befürchtet. Ohne lange zu fackeln, funkte er seine Einsatzzentrale an und forderte einen kompletten Löschzug zur Unterstützung an sowie einen Anhänger mit einem mobilen Förderband. Das wurde kurz darauf vor dem Appartement platziert. Vom Fenster aus beschickten zwei Feuerwehrmänner das Förderband, während Kollegen des Löschzuges damit beschäftigt waren, die Bücher auf dem Gehweg zu stapeln. Und wieder andere holten über die Eingangstür Buch um Buch aus dem Raum und schichteten sie entlang des Hausflurs in langen Reihen auf.

Währenddessen hatte ich Kollegen des Erkennungsdienstes gebeten, die Situation in der Wohnung fotografisch zu dokumentieren. Außerdem hatte ich eine Spedition angefordert, deren Leiter kurz darauf mit einer Vielzahl von Helfern und Umzugskartons eintraf. Es dauerte Stunden, bis die vielen Dutzend Kartons mit den weit mehr als fünftausend Fachbüchern befüllt und verladen waren. Vier Kleintransporter waren erforderlich, um die tonnenschwere Fracht in unsere Asservatenkammern zu schaffen. Als Motiv für seine außergewöhnliche Sammelleidenschaft gab Chim V. an, dass er sich seit seiner Entlassung vor acht Jahren unentwegt weitergebildet habe, um im Falle einer Wiedereinstellung auf dem neuesten Stand der Wissenschaft und Technik zu sein. Von seiner Arbeitslosenhilfe hätte er die Bücher nie bezahlen können, und regulär ausleihen konnte er sie nicht, da er in allen wissenschaftlichen Fachbibliotheken Hausverbot hatte und auf den Sperrlisten stand. Als ich wissen wollte, warum er denn so viele Bücher geklaut hatte, ein paar Tonnen weniger hätten es doch sicher auch getan, erklärte er mit Nachsicht, dass er sich immer nur dann neue Bücher besorgt habe, wenn er die anderen ausgelesen hatte. Auf meine ungläubige Frage, ob er etwa behaupten wolle, tatsächlich diese vielen tausend Fachbücher gelesen zu haben, antwortete er bescheiden: »Ja, alle – von der ersten bis zur letzten Seite!«

Wie ja schon zu lesen war, gibt es unter Detektiven immer wieder auch Individuen, die ihre Stellung dazu ausnützen, selbst lange Finger zu machen. Häufig genug musste ich im Laufe meiner Dienstzeit entsprechende Anzeigen bearbeiten. Bei Ermittlungen gegen Detektive ist es ratsam, deren Raffinesse nicht zu unterschätzen – das zeigte auch eine Information, die mir ein als außergewöhnlich zuverlässig bekannter Kaufhausdetektiv zukommen ließ. Außerdem bestätigte sich erneut, dass Detektive, die mit Niedriglöhnen abgespeist werden, sich nicht selten nach zusätzlichen Einnahmequellen umschauen müssen, um ihren Lebensunterhalt – zumal in Ballungsräumen – bestreiten zu können. Doch nicht jeder sucht legale Nebenerwerbsmöglichkeiten, sodass der eine oder andere schließlich den finanziellen Verlockungen, die seine Stellung mit sich bringt, auf Dauer nicht widerstehen kann.

Beim Treffen mit meinem Informanten erfuhr ich, dass einer seiner Kollegen sich nach ein paar Gläsern Bier mit einer Geschichte gebrüstet hatte, die ihm selbst »über fünf Ecken« zu Ohren gekommen war. Was er berichtete, klang ziemlich abenteuerlich. Demnach hatte ein besonders smarter iranischer Bewachungsunternehmer durch sein elegantes Outfit, seine Eloquenz und vor allem durch seine niedrigen Stundensätze den Revisionsleiter eines alteingesessenen Münchner Textilhandelsunternehmens davon überzeugen können, die Sicherheitsbelange des Modehauses künftig der Detektei des Iraners anzuvertrauen.

Der Detektiv, Samir N., beschäftigte unter anderen einen Landsmann namens Arvid S. Beide konnten sich bedingungslos aufeinander verlassen, was im Kampf gegen das Böse eine gute Voraussetzung für eine erfolgreiche Arbeit darstellt. In diesem Fall jedoch profitierten die beiden selbst von ihrer Symbiose. Der Chefdetektiv hatte Arvid S. eigenmächtig einen besonders guten Personalrabatt eingeräumt, er konnte stehlen, was er wollte, als »kleine Gegenleistung« musste er seinem Arbeitgeber fünfzig Prozent des Ladenpreises der gestohlenen Ware bezahlen.

Eines Tages war Arvid S. in der Mantelabteilung aufgetaucht, hatte einen teuren Ledermantel an sich genommen und der Verkäuferin knapp erklärt, er benötige den Mantel kurz, um ihn einem Tatverdächtigen zu zeigen. Arvid S. fuhr mit dem Mantel die Rolltreppe nach oben. Doch hatte er nicht mit der Aufmerksamkeit der Verkäuferin gerechnet, die ihm folgte und beobachten konnte, dass Arvid S. den Mantel in eine Tasche steckte und in seinem Spind verstaute. Die Verkäuferin informierte den Revisionsleiter, Daniel H., der zugleich der Sicherheitsverantwortliche des Kaufhauses und Vorgesetzte der Kaufhausdetektive war. Der stellte kurz darauf Arvid S. beim Verlassen des Hauses an einem Seiteneingang. Der Detektiv hatte den Ledermantel in seiner Tasche dabei, die Etiketten waren bereits entfernt. Jetzt versuchte er sein Heil in einer Lüge. Er habe nur kurz die Farbwirkung bei natürlichen Lichtverhältnissen testen wollen; er würde das gute Stück gleich wieder zurückbringen. Und in seiner Not fügte Arvid S. hinzu, dass er seinen Chef, Samir N., über das Vorhaben informiert und dieser sein Einverständnis erteilt habe.

Diese Vorgehensweise seiner Sicherheitsleute erzürnte deren Vorgesetzten. Als er die fehlenden Etiketten bemerkte und diese abgerissen in den Manteltaschen fand, konnte es an der unredlichen Absicht des Kaufhausdetektivs vor ihm keinen Zweifel mehr geben. Daniel H. führte Arvid S. in das Sicherheitsbüro des Kaufhauses und konfrontierte Samir N. mit der Behauptung des Ertappten, er selbst habe seine Erlaubnis für diese merkwürdigen Machenschaften erteilt.

Nun musste der Chefdetektiv seinen eigenen Kopf retten. Nachdem er in einem unbeobachteten Augenblick seinem Komplizen zuflüstern konnte, dass er »das schon richten« würde, bestritt er vehement, mit der Sache auch nur das Geringste zu tun zu haben, und kündigte Arvid S. wegen des Verdachts auf versuchten Diebstahl fristlos. Außerdem versicherte er, dass er gegen Arvid S. eine Strafanzeige erstatten werde. Doch nun war der Revisionsleiter misstrauisch. Er verlangte, sofort die Polizei zu verständigen, vermutlich habe Arvid S. schon öfter gestohlen. Er werde die Polizei um eine Wohnungsdurchsuchung bitten. Obwohl Samir N. versuchte, ihm dieses Vorhaben auszureden, beharrte sein Chef darauf. Notgedrungen alarmierte Samir S. also die Polizei. Daniel H. ließ derweil den Täter nicht mehr aus den Augen. Kurz darauf erschien eine Funkstreifenbesatzung im Detektivbüro. Die Beamten staunten nicht schlecht, dass sie diesmal den ihnen seit Längerem bekannten Detektiv selbst als Täter mitnehmen sollten. Erst als sich die Beamten verabschiedet und Arvid S., den Mantel als Beweismittel und die Strafanzeige mitgenommen hatten, entfernte sich auch Daniel H. in der Überzeugung, dass die Gerechtigkeit nun ihren Lauf nehmen werde.

Da aber irrte er sich gewaltig. Denn kaum hatte er das Büro verlassen, sprang Samir P. auf und rannte über die Personaltreppe auf die Straße. In allerletzter Sekunde konnte er den Polizeiwagen noch stoppen, der eben mit seinem diebischen Kollegen losfahren wollte. Einer der Beamten stieg aus und erkundigte sich, was es denn noch gäbe. Aufgeregt entschuldigte sich Samir P. und erklärte, leider sei alles ein großes Missverständnis gewesen. Man habe gerade eben festgestellt, dass sein Kollege den Mantel doch ordnungsgemäß bezahlt habe und somit keine Straftat vorläge. Sein Chef lasse über ihn ausrichten, wie leid ihm das Ganze täte, und er bitte darum, die Strafanzeige fallen zu lassen. Verärgert über das dilettantische Vorgehen und ohne weitere Überprüfung der Angaben ließen die Beamten den Festgenommenen aussteigen, übergaben ihm »seinen« Mantel und dem Chefdetektiv die Strafanzeige. Mit der Ermahnung, das nächste Mal den Sachverhalt gefälligst sorgfältig zu überprüfen und erst dann die Polizei zu alarmieren, setzten die Beamten ihre Streifenfahrt fort. Der Manteldieb hingegen musste nicht lang vom Arbeitslosengeld leben – das Bewachungsunternehmen hatte ja schließlich noch andere Kunden, die man vor Ladendieben schützen musste …

Die Angaben meines Informanten zu überprüfen bedurfte es lediglich einiger Telefonanrufe. Der Revisionsleiter fiel aus allen Wolken, als ich ihm die Geschichte kurz darauf erzählte, die die Beamten besagter Funkstreife bestätigt hatten. Der Rest war Routine. Und die Kaufhäuser in München mussten – zumindest vorübergehend – auf die versierte Diebstahlbekämpfung durch die beiden iranischen Spezialisten verzichten, die bei ihrer anschließenden Vernehmung geständig waren.

Die dubiosen Machenschaften eines anderen Kaufhausdetektivs führten knapp ein Jahr später gar zur Gründung einer Sonderkommission. Kurz zuvor war der Detektiv eines großen Münchner Sporthauses, Achim G., festgenommen worden, als er gegen 22 Uhr mit einer Reisetasche voller geklauter Klamotten das Sporthaus verließ. Zu seinen Aufgaben gehörte es auch, nach Geschäftsschluss die Putzkolonne zu überwachen und danach das Kaufhaus zu verschließen und die Alarmanlage scharf zu stellen. Zwischen dem Ende der Reinigungsarbeiten und dem vorgegebenen Zeitpunkt der Scharfschaltung blieb in der Regel eine Stunde Zeit, während derer er sich allein und in aller Ruhe frei im Haus bewegen konnte. Ein Freiraum, den er – wie sich jetzt nach und nach herauskristallisierte – auch weidlich nutzte.

Eines Tages war den Verantwortlichen des Sporthauses aufgefallen, dass die Diebstahlschäden eine Größenordnung erreicht hatten, die mit normalen Kundendiebstählen nicht mehr zu erklären war. Man vermutete, dass Angestellte an diesem rätselhaften Schwund beteiligt sein könnten. Anstatt aber eine Anzeige bei der Polizei zu erstatten, beauftragte man einen Privatdetektiv, die Geschäftsräume nachts von außen verdeckt zu beobachten. Schon bald stellte der heimliche Beobachter mehrfach fest, dass Achim G. lange nach Beendigung der Reinigungsarbeiten mit prall gefüllten Reisetaschen aus dem Sporthaus kam. Manchmal war er auch in Begleitung von zwei Männern, die ebenfalls Taschen mit sich führten. Leider hatte der Detektiv in keinem der Fälle die Polizei informiert und er hatte auch keine Anschlussobservation durchgeführt. Dafür fehlten ihm das Personal und auch die Ausrüstung. Nach vier Wochen entschloss er sich, die Polizei hinzuzuziehen, die den verdächtigen Detektiv beim Verlassen des Hauses kontrollierte. Achim G. war zwar allein, hatte jedoch eine Reisetasche mit Waren bei sich, für die er keinen Kaufnachweis erbringen konnte. Trotz seiner Beteuerung, dass es sich um regulär gekaufte Waren handle, nahmen die Kollegen Achim G. vorläufig fest und lieferten ihn in der Haftanstalt ein. Es sprach nicht für die Professionalität des Privatdetektivs, dass er es im Vorfeld versäumt hatte, die Polizei von seinen Beobachtungen und seinem Verdacht zu verständigen. Zudem hatte er für seine Aktion einen Tag ausgewählt, an dem der Verdächtige allein war.

Dieses unprofessionelle und dilettantische Vorgehen sollte – wie sich herausstellte – die weiteren Ermittlungen in fataler Weise gefährden. Mangels weiterer Informationen und eines Haftgrundes ließ der Staatsanwalt Achim G. am nächsten Tag wieder frei. Der Privatdetektiv tat noch ein Übriges: Er teilte seinen »Erfolg« der Presse mit, die u.a. in einer Titelgeschichte über die Festnahme berichtete sowie über den Verdacht, dass Achim G. unbekannte Mittäter habe. Diese Medienberichte erfolgten kurz nach der Freilassung des Beschuldigten. Erst dadurch erhielt meine Dienststelle vom Sachverhalt überhaupt Kenntnis. Man kann sich unschwer vorstellen, dass sowohl die Pressemitteilung des Privatdetektivs, bei der das Sporthaus namentlich genannt war, als auch die Freilassung des Beschuldigten kriminaltaktisch ein Desaster darstellten. So konnte er in aller Ruhe Beweismittel beiseiteschaffen und sich mit seinen Komplizen absprechen.

Mit großem Nachdruck arbeiteten wir nun daran, zu retten, was noch zu retten war. Es gelang uns zum Glück bereits nach kurzer Zeit, zwei Personen zu ermitteln, die an den Diebstählen beteiligt waren. Sechs Tage nach der ersten Festnahme hatten wir so viel Beweismaterial zusammengetragen, dass wir sowohl gegen Achim G. als auch gegen seine beiden Mittäter Haftbefehle bekamen, die wir sofort und zeitgleich vollzogen. Während Achim G. sämtliche Vorwürfe bestritt, legten die beiden Mittäter ein umfassendes Geständnis ab. Wir erfuhren, dass Achim G. sie vor mehreren Jahren angeheuert hatte. Es sei vollkommen risikolos, da er als Detektiv das uneingeschränkte Vertrauen der Geschäftsleitung genieße und über einen Generalschlüssel verfüge, mit dem er nachts die Alarmanlage außer Kraft setzen könne. Die beiden Männer ließen sich von den in Aussicht gestellten Verdienstmöglichkeiten überzeugen und machten mit.

Mehrfach pro Woche ließ Achim G. fortan die beiden nach Beendigung der Reinigungsarbeiten durch den Personaleingang in das Geschäft. Dort füllten alle drei Reisetaschen, die sie ebenfalls im Unternehmen entwendeten, mit ausgesuchten Artikeln. Eine Ahnung von dem Umfang dieses Falles bekamen wir, als wir auf Nachfrage erfuhren, dass das diebische Trio ausschließlich auf Bestellung klaute. Die Bestelllisten stammten von unterschiedlichen Personen; acht konnten die beiden Mittäter namentlich benennen. Was die Besteller ihrerseits mit der großen Menge an Diebesgut machten, konnten die beiden Diebe angeblich nicht sagen. Sie wussten jedoch, dass die Endabnehmer auf sämtliche Artikel fünfzig Prozent »Personalrabatt« erhielten. Die Besteller ihrerseits bezahlten Achim G. lediglich fünfundzwanzig Prozent des regulären Verkaufspreises, sodass sie beim Weiterverkauf satte Gewinne erzielen konnten.

Die anschließenden Durchsuchungen bei den acht Auftraggebern hätten wir uns ersparen können. Sie hatten nicht nur aus der Zeitung mitbekommen, dass ihr Lieferant in Schwierigkeiten steckte; er selbst hatte sich nach seiner Freilassung vorausschauend darum gekümmert, dass die Wohnungen seiner Abnehmer »clean« waren. Allerdings erfuhren wir bei den Vernehmungen der letztlich allesamt geständigen Komplizen, wohin die Warenströme geflossen waren: an vier Münchner Hauptschulen! Dort ließen die acht »Sammelbesteller« in ihren Klassen seit drei Jahren regelmäßig Kataloge des Sporthauses kreisen. Die Mitschüler konnten nach Belieben auswählen und die gewünschten Artikel in Bestelllisten eintragen. Diese Listen gingen mehrmals pro Woche an Achim G., der mit seinen beiden Mittätern die Lieferungen zusammenstellte. Die günstigen Preise wurden mit dem Personalrabatt eines Onkels begründet. Ein wirklich günstiges Angebot, von dem mehr als zweihundert Schüler regen und regelmäßigen Gebrauch gemacht hatten! Und das, obwohl allen natürlich bewusst war, dass es sich bei diesen »Schnäppchen« um Diebesgut handelte. Von Turnschuhen über Sportbekleidung aller Art, von kompletten Trekkingausrüstungen bis hin zu Trachtenkleidung – es wurde alles herangeschafft, was der Katalog anbot.

Wir konnten schließlich einen weiteren Mittäter ermitteln, der über einen Zeitraum von mindestens zwei Jahren dreimal wöchentlich die Artikel nach den einzelnen Bestelllisten sortiert und verpackt hatte. Häufig begleitete er auch Achim G. in dessen Jeep beim Ausliefern von Diebesgut. Man habe sich per Handy mit den Käufern an stets wechselnden Treffpunkten verabredet, zumeist an Parkplätzen. So seien allein ihm zwanzig Aufkäufer bekannt, wobei der Wert der meisten Lieferungen mindestens dreitausend Euro betragen habe. In mindestens 296 Einzelfällen – so lautete schließlich die Anklage – habe der Detektiv allein oder mit Komplizen jeweils Waren zwischen zweitausend und dreißigtausend Euro nach Geschäftsschluss aus dem Sporthaus geschafft. Die vorsichtigen Hochrechnungen aus allen bekanntgewordenen Verkäufen und den Angaben der Mittäter ergaben allein für die letzten beiden Jahre einen geschätzten Schaden in Höhe von weit über einer Million Euro.

Als Quittung für seine »Freundschaftsdienste« erhielt

Achim G. als Haupttäter und Initiator des schwunghaften Bestellhandels trotz seines hartnäckigen Leugnens drei Jahre und drei Monate Gefängnis. Der Angeklagte nahm das Urteil ohne sichtliche Regung an – hatte doch niemand herausgefunden, wo er seine illegal erworbenen Reichtümer versteckt hielt.

Ein exklusiver Geschmack

Eine Woche vor Weihnachten, in den Kaufhäusern drängten sich die Menschen, es war hektisch und laut – ein idealer Zeitpunkt, so dachten ein 35-Jähriger und seine 34-jährige Ehefrau, im Gewühl Weihnachtsgeschenke zum »Nulltarif« zu ergattern. Während der Mann sich strategisch so postierte, dass er Störenfriede rechtzeitig erkennen konnte, entfernte seine Frau mit geübten Handgriffen das Sicherungsetikett eines teuren Hosenanzugs. Scheinbar unbemerkt verschwand der Anzug in einer großen Einkaufstasche.

Das Ehepaar verließ gleich darauf mit ruhigen und gemessenen Schritten die Damenmodeabteilung und strebte der Rolltreppe zu. Nichts an dem gediegen gekleideten Paar bot Anlass dafür, Argwohn zu schöpfen. Tatsächlich war es auch kein Argwohn gewesen, der einen Kaufhausdetektiv einige Etagen höher dazu veranlasst hatte, eine seiner verdeckten Überwachungskameras auf die beiden zu richten, sondern reiner Zufall. Denn er hatte den Auftrag, gezielt diese Abteilung zu beobachten, aus der in den letzten Wochen eine Reihe wertvoller Designermodelle verschwunden waren. Die abgelösten Sicherungsetiketten hatten die Täter in die Taschen anderer Kleidungsstücke gesteckt. Daher nahm er alle Kunden ins Visier, die sich in der Nähe der Verkaufsständer aufhielten, von denen die Textilien entwendet worden waren.

Schnell fiel dem geschulten Blick des Beobachters auf, dass der Mann auffällig umherblickte, während seine Frau hinter einem Kleiderständer herumhantierte. Er zoomte die Szene heran und konnte beobachten, wie die Frau ein Kleidungsstück zusammenknüllte und in ihre Umhängetasche stopfte. Im nächsten Moment steckte die Frau etwas Kleines in die Tasche eines Damensakkos.

Der Detektiv hatte genug gesehen. Über sein Funkgerät dirigierte er sofort zwei andere Detektive zur Damenmodenabteilung, die dem verdächtigen Pärchen durch die Ausgangsschleusen aus dem Geschäft hinausfolgten. Und obwohl – erwartungsgemäß – die Alarmanlage nicht anschlug, hielten die Detektive das Pärchen an und begleiteten es in das Überwachungsbüro. Vor allem der vermeintlich feine Herr beschwerte sich lautstark über die unverschämte Unterstellung und die Behandlung; doch die Detektive ließen sich von dem Gehabe nicht beeindrucken, das war sozusagen ihr tägliches Brot.

Erst als dem »Kunden« die Kameraaufnahme vorgespielt wurde, verstummte er. Wortlos räumte er die Tasche leer. Die Detektive staunten nicht schlecht, als nicht nur der Hosenanzug, sondern auch eine Reihe anderer hochpreisiger Bekleidungsstücke anderer Modehäuser zu Tage kamen. Für keinen der Artikel konnte das Pärchen eine Rechnung vorweisen, bei allen Teilen fehlten die Sicherungsetiketten. Als in der Handtasche der Frau und in der Sakkotasche des Mannes je ein Magnetlöser für Sicherungsetiketten gefunden wurden, war die Sache klar. Das waren Profis, da hatten sie wohl einen dicken Fang gemacht. Die Polizei wurde verständigt und holte das Duo ab. Da alles auf gewerbsmäßige Seriendiebe hindeutete, wurde unsere Dienststelle verständigt, um eine Wohnungsdurchsuchung vorzunehmen.

Es war schon spät an diesem Freitagnachmittag, als wir mit Herrn und Frau Langfinger deren Haus in einem Vorort Münchens betraten. Die Doppelhaushälfte war neueren Baujahres, die Umgebung gefällig, und nichts deutete darauf hin, dass uns eine besondere Überraschung erwarten würde. Das änderte sich, als wir das Haus betraten. Überall lagerten, hingen oder standen Markenklamotten, Schuhe und Accessoires aller namhaften Modehersteller dieser Welt. Und das in riesigen Mengen! Aber auch richtig teure Uhren berühmter Schweizer Uhrenhersteller und edler Schmuck bewiesen, dass unsere Täter über einen exzellenten Geschmack verfügten. Kleinlaut räumten die Beschuldigten ein, fast alles, was sich in der Wohnung befand, in den letzten Jahren entwendet zu haben. Nahezu täglich zogen sie ihre Runden durch die Münchner Geschäfte, Boutiquen und Kaufhäuser und noch niemals waren sie erwischt worden.

In jeder Schublade, die wir öffneten, hinter jeder Schranktür, auf Regalen, Stühlen und Sofas, an der Garderobe und im begehbaren Kleiderschrank kamen immer mehr hochwertige Markenartikel zum Vorschein. Dutzende Ledergürtel vom Feinsten, kiloweise Seidenkrawatten, Handtaschen in allen Formen und Farben und aller mir bekannter Hersteller (o.k., das waren jetzt nicht soooo viele), Dirndl, Spitzenwäsche, Unmengen an Schuhen, Anzüge, Herrenhemden, Blusen, Mäntel ... irgendwann mussten wir uns eingestehen, dass wir an diesem Tag mit der Sicherstellung dieses Diebeslagers hoffnungslos überfordert sein würden. So beschränkten wir uns darauf, von einem Kollegen des Erkennungsdienstes alles fotografieren zu lassen. Dann nahmen wir das Pärchen erneut unter unsere Fittiche, versperrten und versiegelten das Haus und rückten wieder ab. Am nächsten Tag erging gegen die beiden Profidiebe Haftbefehl. Für den darauffolgenden Montag organisierten wir ein Kleintransportunternehmen und zahlreiche Kollegen, wobei wir einen ganzen Tag benötigten, um aus dem Warenlager wieder ein Wohnhaus zu machen. Der Schaden betrug einige hunderttausend Euro.

Und das Motiv unseres Pärchens? Die pure Freude daran, Dinge zu stehlen, welche die Kaufhäuser meinten, ausreichend geschützt zu haben. Für mich aber war dieser Fall wieder einmal eine eindrucksvolle Bestätigung dafür, dass das blinde Vertrauen in elektronische Warensicherungsanlagen eine äußerst fragwürdige Sache ist.

Da kann nichts passieren …

In einem Forschungslabor in München hatte man bei der täglichen Routinekontrolle festgestellt, dass ein Behälter mit einer größeren Menge Zyankali aus einem Giftschrank spurlos verschwunden war. Am Vorabend war er noch ordnungsgemäß an seinem Platz gestanden. Daraufhin begann eine hektische Suche, schließlich konnte dieses Gift zu einer tödlichen Bedrohung für viele Menschen werden. Doch keiner der Mitarbeiter wusste etwas von dem Verbleib des Giftes – es musste entwendet worden sein.

Kurz darauf übernahm ich mit einer Kollegin und Beamten der Spurensicherung die ersten Ermittlungen vor Ort. Wir führten Vernehmungen durch und überprüften die Personalien aller Mitarbeiter und Studenten, die in den vergangenen Monaten mit dem Labor in irgendeiner Weise in Verbindung gestanden waren. Dabei stießen wir auf den Namen eines Studenten, der für uns kein Unbekannter war: Stefan H. Aus den Aussagen mehrerer Institutsangehöriger wurde darüber hinaus bekannt, dass sich dieser Mann schon mehrfach um Chemikalien bemüht hatte, die im freien Handel nicht zu bekommen waren. Und ausgerechnet dieser Student war im fraglichen Zeitraum im Labor gesehen worden, obwohl er an diesem Tag dort nichts zu erledigen hatte. Das genügte, um einen Anfangsverdacht gegen ihn zu begründen, und so beantragten wir einen richterlichen Durchsuchungsbeschluss für das Wohnhaus des jungen Mannes.

Eine knappe Stunde später standen wir in einem kleinen Dorf vor den Toren Münchens und erklärten einem verdutzten Vater, warum wir seinen Sohn sprechen wollten. Wir wurden eingelassen und der Sohn herbeizitiert. Nachdem er den Durchsuchungsbeschluss durchgelesen hatte, lächelte Stefan H. entspannt. »Bitte, meine Herrschaften, tun Sie

Ihre Pflicht. Sehen Sie sich in aller Ruhe um. Aber ich garantiere Ihnen, dass Sie nicht den Hauch von Zyankali bei mir entdecken werden – weil ich es nämlich nicht gestohlen habe!«

Im Beisein des Beschuldigten und seiner Eltern durchsuchten wir alle Räumlichkeiten, zu denen der Beschuldigte Zugang hatte. Schließlich erreichten wir das Kellergeschoss, wo sich Stefan H. eine Werkstatt und ein kleines Labor eingerichtet hatte. Doch so sorgfältig wir auch selbst in die kleinste Dose und das kleinste Fläschchen hineinschauten: Wir fanden keine Substanzen, die der Beschreibung des verschwundenen Zyankalis nahe gekommen wären. Dass den typischen Bittermandelgeruch nicht jedermann wahrnehmen kann, hatte uns der Leiter des Forschungslabors bereits bei der Anzeigenaufnahme mitgeteilt. Daher hatte er uns eingeschärft, verdächtige Substanzen in jedem Falle mitzunehmen.

Es war die letzte Schublade in der Labortheke im Keller, die meine Aufmerksamkeit erweckte. Denn in ihr lagen eine Streichholzschachtel und darin – sorgfältig auf ein zusammengefaltetes Kleenextuch gebettet – mehrere farblose kristalline Klümpchen. Ich schätzte ihr Einzelgewicht auf ein bis drei Gramm. Ich erkundigte mich bei Stefan H., um was es sich bei diesen Kristallen handele. Der versierte Student nannte mir daraufhin wie aus der Pistole geschossen die chemische Formel der Substanz, die er seinen Worten zufolge aus der Verbindung mehrerer Elemente selbst hergestellt hatte. Mein Chemieunterricht allerdings lag lange zurück, außerdem hatte ich in der Pubertät meine Prioritäten mehr in Richtung des benachbarten Mädchengymnasiums denn auf chemische Formeln ausgerichtet. Daher erkundigte ich mich im Plauderton, wofür man denn dieses Gemisch so nutzen könne, ohne mir anmerken zu lassen, dass mir die Formel überhaupt nichts sagte. Das sei, so erfuhr ich daraufhin, Sprengstoff. Sprengstoff? Ja, Sprengstoff, harmlos zwar, aber doch echter Sprengstoff.

Zum Glück hatte ich meine Pubertät schon lange überwunden, als es auf der Polizeihochschule um Sprengstoff und Erlaubnispflichten ging. Ob er denn eine Genehmigung für die Herstellung von Sprengstoff vorweisen könne? Konnte er nicht, natürlich nicht, aber bei einer so kleinen Menge ... Es gibt Dinge, die sind bei der Polizei nicht verhandelbar. So belehrte ich den jungen Mann vor mir zusätzlich wegen seines Verstoßes nach dem Sprengstoffgesetz und beschlagnahmte die Schachtel mit den Kristallen. Meine Frage, ob ich beim Transport irgendetwas beachten müsse, verneinte der Jünger Alfred Nobels im Brustton der Überzeugung. Bei dieser geringen Menge bestehe keinerlei Gefahr: »Da kann nichts passieren!« Beruhigt durch diese Versicherung eines Fachmannes aus dem Bereich Forschung und Wissenschaft verließen wir das Haus. Vom Zyankali keine Spur. Die Streichholzschachtel steckte ich in ein Fach meines Einsatzkoffers und verstaute diesen im Kofferraum. Die mehr als einstündige Rückfahrt führte uns zunächst über holprige Landstraßen und im Stop-and-go-Verkehr schließlich quer durch die Innenstadt.

Nachdem wir endlich unser Büro erreicht hatten, nahm ich die Schachtel mit den Sprengstoffkristallen heraus und betrachtete die Substanz nochmals aus der Nähe. Irgendwie sahen die Kristallklumpen anders aus als das auf einem Foto abgebildete Zyankali. Na ja, man kann eben nicht immer Glück haben. Anschließend rief ich einen Chemiker beim Landeskriminalamt an. Ich wollte von ihm eigentlich nur die Bestätigung dafür haben, dass die kleinen Sprengstoffklümpchen auch tatsächlich unter die Bestimmung des Sprengstoffrechtes fielen.

Doch kaum hatte ich brav meine Formel aus dem Sicherstellungsverzeichnis vorgelesen, erfuhr das davor gelassene und joviale Wesen meines Gesprächspartners eine jähe Veränderung: »Wo bist du? Wo ist der Sprengstoff? Beweg dich nicht! Und fass um Gottes willen das Zeug nicht an, hörst du?«, sprudelte es mir aus dem Hörer entgegen. Ich blickte verdutzt auf meinen Telefonapparat: Hatte ich das alles tatsächlich gerade gehört? Zögernd begann ich, dem plötzlich so aufgeregten Kollegen zu versichern, dass alles in Ordnung sei. »Du kannst ganz ruhig sein, das Zeug, wie du es nennst, ist in unserer Obhut. Wir haben es sichergestellt und mitgenommen. Jetzt liegt es geschützt vor unbefugtem Zugriff auf meinem Schreibtisch.« Da senkte der Kollege seine Stimme und begann, diesmal auffallend ruhig und bedächtig, erneut zu reden: »Hör genau zu, Kollege. Das, was da vor dir liegt, ist einer der heimtückischsten Sprengstoffe, die es gibt. Da reicht bereits ein einziges Gramm, um ein Fahrzeug samt Insassen zu pulverisieren! Und vor allem: Das Material explodiert bereits beim geringsten Stoß oder bei geringfügiger Erwärmung. Da reicht es schon aus, wenn sich zwei Sprengstoffkristalle bei einer Erschütterung auf einer holprigen Straße nur leicht berühren – hörst du mir überhaupt zu?« Was für eine Frage. Ich hatte wohl noch nie zuvor einem Gesprächspartner so aufmerksam gelauscht! Während ich ihm antwortete, merkte ich plötzlich, wie unerträglich heiß es eigentlich in meinem Büro war. »Äh, was meinst du mit Erwärmung, wie warm muss es denn sein, damit das Dreckszeug in die Luft geht?« »Das kommt auch auf die Luftfeuchtigkeit an – je feuchter die Luft ist, umso niedrigere Temperaturen reichen für die Zündung aus!« Ich war mir plötzlich sicher, dass es in meinem Büro nicht nur extrem heiß war, sondern dass auch die Luftfeuchtigkeit in den letzten Sekunden rapide zugenommen hatte. Daher war ich meinem Kollegen sehr dankbar, als er mich aufforderte, mein Büro sofort zu verlassen, die Schachtel mit dem Sprengstoff liegen zu lassen und zusammen mit allen Kollegen das Dienstgebäude zu räumen. Er werde unverzüglich das Sprengstoffkommando alarmieren.

Mit äußerster Behutsamkeit brachte ein sogenannter Delaborierer in seiner gepanzerten Schutzausrüstung die Schachtel aus dem Gebäude und stellte sie erschütterungsfrei in einen Spezialbehälter, der wiederum auf der mit schweren Bleiplatten gesicherten Ladefläche eines riesigen, normalerweise für den Transport von Fliegerbomben ausgelegten Schwerlasttransporters verstaut wurde. Dann ging es unter Sirenengeheul, aber in Schrittgeschwindigkeit mit Polizeieskorte aus der Stadt hinaus zum Sprengplatz. Was aus dem verschwundenen Zyankali wurde, entzieht sich meiner Kenntnis. Nachdem wir die Erstmaßnahmen beendet hatten, wurde der Fall an die Fachdienststelle abgegeben. Ich hingegen zog los und besorgte für meine Kollegin und mich eine Flasche Sprudelwasser aus der Champagne. Schließlich mussten wir ja unseren zweiten Geburtstag in diesem Jahr feiern.

Das Plädoyer oder: Die Intelligenz der Frauen

Im Laufe meines Berufslebens bin ich unzählige Male als Zeuge vor Gericht gewesen. Immer wieder lernt man dabei Rechtsanwälte kennen, deren Namen man sich sorgfältig einprägt, um nicht im Falle eines Falles den Fehler zu begehen, einen von ihnen zu empfehlen oder gar in eigener Sache zu beauftragen. Der Anwalt aber, der an diesem frühen Herbstnachmittag einen Verhandlungssaal im Münchner Amtsgericht betrat, war mit Abstand der geschickteste, der je in Deutschland seinen Hohlkörper hinter einer schwarzen Robe versteckt hat.

Doch der Reihe nach: Eines Tages fanden zwei junge Nigerianerinnen auf der Fahrt zur Uni in der Straßenbahn eine Brieftasche mit einem dicken Bündel Geldscheine, Ausweisen und Karten. Ohne im Einzelnen den Inhalt zu prüfen, wechselten die beiden Frauen an der nächsten Haltestelle in den Triebwagen. Beim nächsten Halt übergaben die ehrlichen Finderinnen dem Fahrer die Brieftasche in der sicheren Annahme, dass er diese an das Fundbüro weiterleiten würde. Sie nannten dem Mann ihre Namen und die Telefonnummern, die dieser notierte. Nach einigen Wochen begannen die beiden sich zu wundern, warum sie weder vom Fundbüro noch vom Besitzer der Brieftasche eine Nachricht erhalten hatten. Ihre Nachfrage ergab, dass im Fundamt gar keine Brieftasche aus einer Straßenbahn abgegeben worden war.

Nun drängte sich den beiden der Verdacht auf, dass der Fahrer die Brieftasche samt Bargeld – geschätzt etliche hundert Euro – unterschlagen hatte, und so erstatteten sie Anzeige. Die Afrikanerinnen bekannten freimütig, dass für sie »alle weißen Männer gleich« aussähen und sie deshalb nicht in der Lage wären, den Fahrer wiederzuerkennen. Dennoch war die Ermittlung des Trambahnfahrers unproblematisch. Hatten sich die schlauen Mädels doch neben Datum und Uhrzeit sowie der Liniennummer der Straßenbahn auch die Nummern der beiden Waggons – sowohl des Triebwagens, als auch des Anhängers – notiert. Die Wagennummern stehen nämlich in dicken schwarzen Lettern an beiden Seiten eines Straßenbahnwaggons.

Was folgte, war Routine. Überprüfung aller in Frage kommenden Fundbüros, Durchsuchung beim Beschuldigten sowie seine Vernehmung, bei der er vehement bestritt, jemals eine Brieftasche von zwei Afrikanerinnen entgegengenommen zu haben. Da die Beweislage erdrückend war und die beiden Studentinnen absolut glaubhaft wirkten, wurde der Beschuldigte schließlich wegen des dringenden Verdachts der Fundunterschlagung angeklagt. Ich war als Sachbearbeiter zur Verhandlung geladen und machte meine Aussage. Anschließend nahm ich im Zuhörerbereich Platz. Nun wurden die beiden Studentinnen mit Hilfe einer Dolmetscherin nacheinander vernommen. Sie schilderten übereinstimmend den Sachverhalt. Damit war die Beweisaufnahme abgeschlossen und die Staatsanwältin hielt ihr Plädoyer. Ich registrierte beiläufig, dass mit Ausnahme des Beschuldigten und seines Rechtsanwaltes alle anderen Prozessbeteiligten weiblichen Geschlechts waren. Und dann nahm das Urteil, äh, das Unheil seinen Lauf, als der Rechtsanwalt sich in Pose warf und zu seinem Plädoyer anhob. Und dieses begann mit den in der bundesdeutschen Justizgeschichte vermutlich einmaligen Sätzen: »Man weiß ja, wie es um die Intelligenz der Frauen im Allgemeinen bestellt ist. Und im Speziellen mit der Intelligenz afrikanischer Frauen!«

Autsch! Das hat der Typ da eben nicht wirklich gesagt! Wahrscheinlich war ich eingenickt und hatte schlecht geträumt. Ich blickte in die Runde geballter Weiblichkeit. Doch was ich sah, ließ keinen Zweifel offen – der hatte das tatsächlich gesagt! Die Richterin war nach einer Schrecksekunde gegen die Rückenlehne ihres Richterstuhls geprallt, ehe sie sich stocksteif nach vorne beugte und wie wild zu schreiben begann. Unterdessen hatte bei den übrigen Damen der Herzschlag wieder eingesetzt, was am schlagartigen Wechsel der Gesichtsfarbe von solarbank-ocker (schwieriges Wort) in dunkelrot eindrucksvoll zu erkennen war. Noch ehe ihn irgendjemand stoppen konnte, hob der Mann in Schwarz zum nächsten Schlag aus. »Hohes Gericht, stellen Sie sich bloß mal die Situation der Zeuginnen vor: Inmitten einer Millionenstadt stehen die beiden vor einer riesigen Straßenbahn, die allein ihnen schon Angst einjagen musste. Sodann mussten sich die Zeuginnen eine v i e r s t e l l i g e Zahl – er zog das »vierstellig« mit sichtlichem Genuss in die Länge – einprägen, diese im Gehirn abspeichern und dann wieder abrufen, um sie auf einem Kalenderblatt niederzuschreiben. Zusätzlich wollen sie sich die Liniennummer der Straßenbahn und die Uhrzeit gemerkt haben! Da drängen sich dem objektiven Betrachter die denkbaren Fehlerquellen geradezu auf! Ich beantrage daher nach dem Grundsatz ›in dubio pro reo‹ den Freispruch meines Mandanten! Denn niemand kann bei diesem Sachverhalt mit der erforderlichen Sicherheit zweifelsfrei ausschließen, dass es bei der Niederschrift dieser vielen Zahlen bei den Zeuginnen nicht zu einem Zahlendreher gekommen ist.«

Das Gericht konnte ausschließen. Und wie es ausschließen konnte! Ohne Zaudern und ohne zu zögern. Und dass die Richterin ihrerseits nicht den geringsten Zweifel an der Merkfähigkeit des Angeklagten hatte, bewies sie, als sie ihm eine Geldstrafe in fünfstelliger Höhe, »f ü n f s t e l l i g, ich bin sicher, das kriegen Sie hin«, aufbrummte.

Die verschwundene Marmelade

An einem ziemlich kalten Novembernachmittag sprach ein 91-jähriger, nach vorne gebeugter und von dem kurzen Weg vom Aufzug bis zu meinem Büro erschöpfter Herr bei unserer Dienststelle vor. Offenkundig machte ihm nicht nur die Gicht schwer zu schaffen – er stützte sich auf einen knorrigen Wanderstock –, sondern es bereitete ihm auch Probleme, alles auf die Reihe zu bringen. Er erzählte mit heiserer, kaum verständlicher Stimme. Einbrecher hätten ihm hunderttausend Mark gestohlen, und dies, obwohl er seine Wohnung mit mehreren Schlössern gesichert habe. Er verdächtige vor allem seine Nachbarin, die sei immer so auffällig freundlich, wenn sie sich im Treppenhaus begegneten, die stecke bestimmt hinter der Tat. Nein, in der Wohnung war sie noch nie; er lasse grundsätzlich niemanden in seine Wohnung. Das sei ihm zu gefährlich, »man liest ja ständig, was alles passieren kann«.

Dem Äußeren nach wirkte der alte Herr nicht unbedingt wie einer, der mal eben hunderttausend Mark in der Wohnung herumliegen hat. Ich war skeptisch, erst recht, nachdem er meine Frage nicht beantworten wollte, woher denn das viele Geld stamme. Im Laufe des Gespräches gewann ich den Eindruck, dass es sich wohl eher um ein psychisches Problem denn um eine strafrechtliche Angelegenheit handelte. Dennoch schlug ich ihm vor, ihn nach Hause zu begleiten, um dort nach Spuren einer eventuellen Straftat zu suchen. Ich bat meine Zimmerkollegin, mich zu begleiten. Einerseits wollten wir dem Mann den beschwerlichen Rückweg erleichtern und zum anderen wusste ich aus jahrzehntelanger Erfahrung, dass es sinnvoll ist, auch die Angaben scheinbar verwirrter Personen zu überprüfen. Und sei es nur, um ihnen das Gefühl zu vermitteln, ernst genommen zu werden. Damit haben die meisten erreicht, was sie wollten, und sehen von weiteren »verdächtigen Mitteilungen« ab.

Kurz darauf standen wir vor einem zweistöckigen ehemaligen Wohnheim für Bahnbedienstete im Münchner Norden. Das Gebäude war seit vielen Jahren nicht mehr renoviert worden und wirkte düster und wenig einladend. Die Wohnung des alten Herrn lag im zweiten Obergeschoss, doch führte er uns zunächst in den Keller. Auch hier fehle etwas, und zwar mehrere Gläser Himbeermarmelade, die seine Frau erst vor Kurzem eingekocht habe. Als wir gleich darauf vor der Lattenrosttür seines Kellerabteils standen, blickte mich meine Kollegin vielsagend an. Zwischen den Latten hatten Spinnen ihre Netze gewoben, die Marmeladengläser waren mit einer dicken Staubschicht überzogen. Hier hatte mit Sicherheit seit Jahren niemand mehr etwas bewegt oder gar weggenommen. Die Zeitangabe »erst vor Kurzem« war in der Vorstellungswelt des Greises wohl eher dehnbar. Dann jedoch verblüffte er uns. Er fing nämlich an, an verschiedenen Holzlatten des Verschlages zu zerren und zu drehen, mal unten und mal weiter oben, er drückte hier ein bisschen und zog dort – und mit einem Mal löste er einen verborgenen Mechanismus aus, mit dem sich die gesamte Lattenfront einschließlich der nach wie vor verschlossenen Tür mit ihren diversen Vorhängeschlössern zum Gang hin öffnen ließ. Als er unsere verblüfften Gesichter sah, musste der Mann schmunzeln. Stolz erklärte er, dass er früher als Schlosser bei der Bahn gearbeitet und dabei den geheimen Mechanismus für das Kellerabteil erfunden und eingebaut habe. Ich war perplex. Niemand hätte den verstaubten Latten ihr geheimes Innenleben angesehen. Vor allem beeindruckte mich, dass die Mechanik nach all den Jahren noch so gut funktionierte und ihr Erbauer trotz seines merklich beginnenden geistigen Verfalls die richtige Reihenfolge bei der Entriegelung der Mechanik getroffen hatte.

Nachdem ich seine Erfindung gebührend gelobt hatte, betraten wir den »Tatort« des Marmeladendiebstahls. Dort stachen uns die Aufkleber ins Auge, soweit die Aufschriften noch lesbar waren, besagten sie, dass die jüngste Marmelade immerhin schon dreiunddreißig Jahre auf dem Buckel hatte. Das musste wohl die Marmelade sein, die die Frau des Greises »erst vor Kurzem« eingekocht hatte. Auf die Frage, wo denn seine Frau sei, erfuhren wir, dass sie 1963 verstorben war. Aha. So viel zur Definition »erst vor Kurzem«! Wir versicherten dem alten Herrn, dass er sich keine Sorgen machen müsse, hier habe es mit Sicherheit keinen Einbruch gegeben. Damit war für uns die Sache eigentlich erledigt. Wir begleiteten den Witwer zu seiner Wohnung und staunten erneut, als wir das halbe Dutzend Bügel-, Kasten- und Vorhängeschlösser sahen, mit denen der alte Herr seine Wohnungstür gesichert hatte. Schwer vorstellbar, dass hier jemand eingebrochen haben sollte, ohne Spuren zu hinterlassen. Wir warteten geduldig, bis der Mann mit zitternden Händen an seinem großen Schlüsselbund die jeweils passenden Schlüssel gefunden und schließlich die Tür geöffnet hatte.

Die Wohnung war eiskalt und die Einrichtung mehr als spärlich, die abgewohnten Möbel stammten aus den Fünfziger- und Sechzigerjahren. Ein winziger Kohlebeistellherd auf drei Beinen und ein kleines Kohlebecken in der Küche waren die einzige Heizungsquelle der Vierzimmerwohnung. Uralte Lichtschalter, ein abgetretener Linoleumboden und ein Steinbecken als Spüle zeugten davon, dass die Einrichtung wohl die letzten fünfzig Jahre unverändert überdauert hatte. Für einen nennenswerten Bargeldbetrag in dieser spartanisch eingerichteten Wohnung gab es nicht den geringsten Anhaltspunkt. Als wir uns verabschieden wollten, stellte sich der gebrechliche Mann zwischen uns und die Ausgangstür und erkundigte sich misstrauisch, was wir wegen seiner Nachbarin, die ihm das Geld und die Marmelade gestohlen habe, zu unternehmen gedächten.

Ich versuchte, ihm diplomatisch zu erklären, dass wir nicht von einem Diebstahl ausgingen – der Augenschein spreche dagegen, auch habe er uns nach wie vor nicht erklärt, woher denn das angeblich gestohlene viele Geld stammen solle? »Viel Geld?« Da huschte zum zweiten Mal an diesem Nachmittag ein Lächeln über das faltige Gesicht des Alten. »Warten Sie hier – ich komme gleich wieder! Sie werden staunen!« Noch ehe wir den Sinn seiner Worte richtig erfasst hatten, war er zur Küchentür gehumpelt und hatte diese von innen versperrt. Dann öffnete er eine Tür zu einem angrenzenden Zimmer. Wir erhaschten einen Blick auf eine Reihe alter Schränke und ein Bett; gleich darauf zog der alte Mann die Tür hinter sich ins Schloss und versperrte sie von außen. Wir waren praktisch gefangen. Was hatte das zu bedeuten? Die Szenerie erschien irgendwie grotesk und erinnerte mich ein wenig an einen Edgar-Wallace-Film. Ich wäre wohl nicht wirklich überrascht gewesen, wenn im nächsten Augenblick der »Grüne Bogenschütze« aus dem Abfluss des Spülbeckens Pfeile auf uns verschossen hätte. Noch während ich mich mit meiner Kollegin beratschlagte, wie wir uns verhalten sollten, hörten wir, wie der Schlüssel wieder umgedreht wurde. Der Alte kehrte zurück und legte wortlos ein schmales Päckchen auf den schäbigen Küchentisch vor uns. Die äußere Hülle des Päckchens bestand aus einem olivgrünen Leinenstoff und war mit einer dünnen Paketschnur verschnürt. Er deutete meinen fragenden Blick richtig. »Machen Sie das Päckchen ruhig auf – es beißt Sie nicht!« Gespannt tat ich, wie mir geheißen, um gleich darauf ein Bündel Tausendmarkscheine in der Hand zu halten. »Sie können nachzählen – das sind genau sechzig.« Wir hatten uns noch nicht richtig von unserer Verblüffung erholt, da setzte er noch eins drauf, indem er fortfuhr: »Und ich habe noch viel mehr davon!« Die Prozedur wiederholte sich mehrmals hintereinander. Mann raus, Tür zu, Mann wieder rein, Päckchen auf den Tisch. Nach und nach stapelten sich schließlich fast vierhundert Tausendmarkscheine auf der Tischplatte. Ich wandte mich an meine Kollegin: »Das ist ja fast wie am Monatsersten, wenn ich mein Gehalt zu Hause abliefere!«

Jetzt mussten wir uns Klarheit verschaffen, doch es bedurfte großer Überredungskunst, bis wir alles in Erfahrung gebracht hatten. Vor einunddreißig Jahren war der Mann in Rente gegangen, zuletzt hatte er als Betriebsschlosser bei der Bundesbahn gearbeitet. Seine monatliche Rente war ansehnlich und der Mann außerordentlich sparsam und genügsam, die Frau längst tot und die Ehe kinderlos. Für seine Eisenbahnerwohnung bezahlte er nur eine verschwindend geringe Miete und den einzigen funktionierenden Ofen in seiner Wohnung hatte er jahrzehntelang nur mit Bruchholz aus den umliegenden Wäldern beheizt. Zum Essen ging er seit dem Tod seiner Frau einmal am Tag in die ehemalige Eisenbahnergaststätte im Erdgeschoss. Dort bekam »der arme Kerl« für gerade mal eine Mark jeden Tag eine einfache, aber warme Mahlzeit, dazu immer mal wieder Übriggebliebenes vom Vorabend.

Nachdem ich erfahren hatte, wie hoch die monatliche Rente des Mannes war und welche monatlichen Ausgaben er davon bestreiten musste, rechnete ich nach. Und kam zu dem Ergebnis, dass noch weitere gut zweihunderttausend Mark vorhanden sein müssten. Die Möglichkeit, dass ihm tatsächlich jemand hunderttausend Mark gestohlen hatte, war schon nach dem Auffinden des ersten hohen Betrags nicht mehr völlig von der Hand zu weisen. Und trotzdem hatte ich weiterhin Zweifel. Wie hätte ein Täter all die Schlösser überwinden können, ohne Spuren zu hinterlassen? Und wer wäre schon auf den Gedanken gekommen, dass in der Wohnung des alten Mannes so viel Geld zu holen sein könnte? Wenn aber tatsächlich jemand davon Wind bekommen hatte, wieso hatte er dann nicht das ganze Geld mitgenommen? Wieder bedurfte es langen Zuredens, bis uns der alte Mann gestattete, gemeinsam mit ihm seine Wohnung nach weiterem Geld zu durchsuchen. Dabei bestätigte sich erneut, dass der greise Rentner dereinst ein fähiger Schlosser und wohl auch Feinmechaniker gewesen sein musste. Denn je intensiver wir die Wohnung durchstöberten, umso mehr raffinierte Verstecke offenbarten sich uns. Einmal drehte er an einem Holzfuß der Küchenkredenz, wodurch sich ein Geheimfach hinter der Besteckschublade öffnete. Dann wieder zog er an einer Fußbodenleiste und öffnete ein Geheimfach unter einer Fußbodendiele. Die doppelte Rückwand eines Nachtkästchens gab ein weiteres Geheimfach frei, nachdem er den Drehknauf der Tür beiseitegedreht und ein darunter verstecktes Schloss mit einem Schlüssel entriegelt hatte, den er zuvor aus einer hölzernen Bordüre des Schlafzimmerspiegels hervorgezaubert hatte. Wir kamen aus dem Staunen nicht mehr heraus. Immerhin aber fanden wir weitere verschnürte Geldbündel, bis sich schließlich stattliche 640 Tausendmarkscheine auf der Tischplatte stapelten.

Dies entsprach ziemlich genau der Summe, die ich zuvor als mögliche Rücklagen errechnet hatte. Obwohl der Mann den Banken seit jeher misstraut und daher seine Rente in bar abgeholt und aus Angst vor einem Bankraub oder einer erneuten Weltwirtschaftskrise zu Hause versteckt hatte, gelang es uns schließlich, ihn davon zu überzeugen, dass der einzig wirklich sichere Platz für sein Geld in einer Bank war. Uns kam dabei zugute, dass sich genau gegenüber die Filiale einer Eisenbahnerbank befand, zu der er am ehesten Vertrauen fasste.

Der Bankangestellte staunte nicht schlecht, als wir mit dem alten Herrn und einem Bargeldbetrag von sechshundertvierzigtausend DM kurz vor Schalterschluss bei ihm vorsprachen, um ein Sparkonto zu eröffnen. Einen Großteil des darauffolgenden Tages verbrachten meine Kollegin und ich dann damit, den einzigen noch lebenden Angehörigen des senilen Herrn ausfindig zu machen. Es gebe da einen Neffen, einen gewissen Wolfgang irgendwo im Schwäbischen. Tatsächlich gelang es uns, diesen schließlich aufzustöbern. Am Telefon dauerte es dann jedoch eine geraume Weile, bis er sich an seinen Onkel Ludwig erinnern konnte. »Onkel Ludwig aus München? Ja, lebt der denn noch? Ich dachte, der sei schon längst verstorben – oder war das die Tante, die irgendwann in den Siebzigern gestorben ist?« Als der Neffe jedoch erfuhr, dass wir uns Sorgen um seinen gebrechlichen Onkel machten, der wohl nicht mehr imstande sei, ohne fremde Hilfe die täglichen Dinge des Lebens zu meistern und vor allem sein Vermögen zu verwalten – Vermögen??? –, ja, ein ansehnliches Vermögen –, da besann er sich plötzlich darauf, dass der Onkel Ludwig eigentlich immer schon sein Lieblingsonkel gewesen sei. Er zeigte sich gerührt, endlich und so unverhofft ein Lebenszeichen von dem alten Herrn erhalten zu haben, mein Anruf sei gewissermaßen eine Fügung des Schicksals. So könne er sich endlich um den lieben Onkel kümmern und ihm die letzten Jahre seines Lebens das zurückgeben, was er ihm in seiner Jugend Gutes getan habe. Wir müssten ihm bitte nur noch die Adresse mitteilen, wo der liebe Onkel derzeit lebe – ah so, da wohnt er schon seit mehr als dreißig Jahren, ja, wie doch die Zeit vergeht –, damit er alles Erforderliche in die Wege leiten könne. Das täte er ganz bestimmt, da könnten wir absolut sicher sein. Und auch ganz schnell, ergänzte ich in Gedanken, nicht dass der Lieblingsonkel vorher noch einem Betrüger zum Opfer fällt, der dann womöglich die mühsam angesparte Altersvorsorge ergattert! Ich war mir ganz sicher, dass es dem gewissermaßen von den Toten auferstandenen Lieblingsonkel in der letzten Phase seines Lebens an nichts mehr mangeln würde – dafür gab es schließlich sechshundertvierzigtausend gute Gründe.

Die geheimnisvolle Stimme

Seit Monaten hatte ich wegen Diebstahls ermittelt. Aus dem Lagerraum einer großen Behörde waren wertvolle Ölgemälde spurlos verschwunden, die dort während der mehrjährigen Umbau- und Renovierungsarbeiten eingelagert waren. Die Ermittlungen mussten schließlich erfolglos eingestellt werden, da insgesamt über fünfhundert Bauarbeiter unterschiedlichster Firmen Zugang zur Baustelle hatten und es keine weiteren Anhaltspunkte gab. Was blieb, war die Ausschreibung der Gemälde zur Fahndung. Zusätzlich wurde ein Fahndungsaufruf in einer internationalen Fachzeitschrift für Kunst und Antiquitäten lanciert.

Monate später erreichte mich unverhofft das Fax eines Schweizer Kunstsammlers. Vor einigen Wochen hatte er in einem weltberühmten Londoner Auktionshaus ein Gemälde ersteigert, später aber zu Hause beim Durchblättern einer Kunstzeitschrift feststellen müssen, dass sein Neuerwerb bei einem Diebstahl abhandengekommen war. Er reklamierte sofort bei dem Auktionshaus, das das Gemälde aus Sorge um seinen guten Ruf anstandslos zurücknahm und den Kaufpreis erstattete. Leider hatte das Auktionshaus jedoch keine Veranlassung gesehen, die Polizei zu unterrichten. Erst jetzt erfuhr ich aufgrund meiner Nachfrage über Interpol, dass die Einlieferung des Gemäldes über einen nicht mehr feststellbaren Kunsthändler aus einem leider nicht mehr feststellbaren Staat erfolgt sei. Man habe den Versteigerungserlös auf das Konto einer griechischen Staatsangehörigen in einem kleinen Ort nördlich von München überwiesen. Den Namen der Griechin und deren Kontonummer konnte man uns immerhin mitteilen.

Voller Zuversicht nahm ich die Ermittlungen wieder auf. Bei der Abklärung der Kontoinhaberin ergab sich Erstaunliches: Ihre Tochter war nämlich mit einem Deutschen verheiratet, der bei einem Sicherheitsunternehmen angestellt war. Und ausgerechnet diese Firma war mit der Bewachung der Umbaumaßnahmen in besagter Behörde beauftragt gewesen! Der Rest war ein Klacks, der Name des Schwiegersohns fand sich auf den Listen, die wir seinerzeit von allen beteiligten Firmen erhoben hatten. Ich beantragte diverse Durchsuchungsbeschlüsse, u.a. für die Wohnung des nunmehr beschuldigten Sicherheitsmannes.

Mit mehreren Kollegen traten wir an einem späten Nachmittag in Aktion. Wir hatten zuvor festgestellt, dass der Beschuldigte, Thomas P., um diese Zeit von der Arbeit nach Hause zurückkehren würde, und so nahmen wir ihn vor der Haustür in Empfang. Thomas P. erwies sich als begnadeter Kunstsammler. In sämtlichen Räumen des Einfamilienhauses hingen Gemälde aller Art. Wir hatten im Kellerbüro mit der Durchsuchung begonnen und etliche Kunstwerke, deren Herkunft der Beschuldigte nicht erklären konnte, als sogenannten Zufallsfund zur weiteren Überprüfung sichergestellt. Auf Schritt und Tritt begleitete uns Thomas P.s Ehefrau, die ununterbrochen seine Unschuld beteuerte und uns darauf hinwies, dass die Verdächtigungen gegen ihren Mann und unsere Maßnahmen in höchstem Maße rechtswidrig seien.

In einer Ecke im Flur des Erdgeschosses hatten wir für alle verdächtigen Gemälde eine Bildersammelstelle eingerichtet. Mit der Bewachung hatte ich einen Beamten der Polizeiinspektion beauftragt. Während sich die Durchsuchung hinzog, ging der Beamte in den verschiedenen Räumen hin und her. Dabei bemerkte er aus den Augenwinkeln, dass Thomas P., der sich in den bereits durchsuchten Räumen frei bewegen konnte, sich für eines der bereits zum Abtransport bereitgestellten Ölgemälde in besonderer Weise zu interessieren schien. Immer wieder schlich er um das Gemälde herum. Schließlich zog er es nach und nach – wann immer er sich unbeobachtet fühlte – zentimeterweise aus dem Flur in die angrenzende Küche. Der Beamte ließ ihn gewähren und tat so, als habe er nichts gesehen. Fast unmerklich wanderte das Gemälde an der Küchenwand entlang in Richtung einer kleinen Speisekammer. Etwa eine halbe Stunde später stellte der Beamte bei einem unauffälligen Kontrollblick in die Küche fest, dass das Gemälde verschwunden war. Die bis dahin offene Tür zur Speisekammer war jetzt geschlossen.

Kurz darauf fragte der Beschuldigte den Kollegen scheinbar beiläufig, ob er das Licht in der Küche ausmachen und die Küchentür schließen könne, um Strom und Heizkosten zu sparen. Die Küche sei ja bereits durchsucht worden. Der Beamte erklärte sich einverstanden. Längst hatte er mich natürlich über das »Wandergemälde« informiert. Nachdem die Durchsuchung beendet war, versammelten wir uns alle im Flur. Die sichergestellten Gemälde waren bereits verladen worden. Mit Ausnahme des Kollegen von der Schutzpolizei, der die Aktion beobachtet hatte, war keiner der Kollegen über die »Bilderrückgewinnung« eingeweiht. Ich hatte nämlich eine kleine Überraschung geplant …

Wir schickten uns an, gemeinsam mit Thomas P. das Haus zu verlassen. Es war längst dunkel geworden, und so erkundigte ich mich beiläufig bei den Kollegen, ob sie denn auch in allen Räumen die Lampen ausgeschaltet hätten. Allgemeine Bestätigung. »Auch im Heizkeller, im Speicher und in der Speisekammer?«, fuhr ich fort. Nach einer winzigen Schrecksekunde meldete sich der Beschuldigte zu Wort: »In der Speisekammer habe ich das Licht ausgeschaltet!« Kollegen bestätigten, dass auch im Speicher und im Heizkeller alles dunkel sei. »Dann lasst uns gehen!« In der Tür blieb ich jedoch gleich darauf abrupt wieder stehen. Ich drehte mich zu den nachfolgenden Kollegen und Thomas P. um, hielt den Zeigefinger vor die Lippen und blickte forschend in die Runde. »Was war das?« Unverständnis in den Augen der Umstehenden. »Was war was? Was meinst du?« »Die Stimme – da hat jemand gerufen!« Kurzes Schweigen – dann versicherten die Kollegen, nichts gehört zu haben. Ich machte weiter: »Da – jetzt wieder! Habt ihr denn nichts gehört?« Ungläubige Blicke. »Da war nichts – was sollen wir denn gehört haben?« »Es klang, als ob jemand um Hilfe gerufen hätte! Ist im Haus noch jemand?«

Die Kollegen blickten in die Runde und dann zu mir. »Nein, wir sind vollzählig, es fehlt niemand.« »Komisch, ich habe deutlich gehört, dass jemand gerufen hat – seid still! Jetzt habe ich es wieder gehört – und ich glaube, es kam aus der Küche!« Jetzt drückten die Blicke meiner langjährigen Kampfgenossen mehr als nur Unverständnis aus. Offensichtlich sorgten sie sich allmählich um meine Psyche. Innerlich musste ich über die nicht gerade geistreichen Gesichter schmunzeln. Zugleich registrierte ich amüsiert, dass Thomas P. unruhig von einem Bein auf das andere trat. Er schien sich nicht wohlzufühlen. Zielstrebig ging ich zur Küchentür, öffnete sie und schaltete das Licht ein. Nachdem ich mich umgeblickt hatte, wandte ich mich an die Kollegen. »Komisch, ich hätte wetten können, dass die Rufe aus der Küche kamen! Aber die ist leer.«

Ich löschte das Licht und zog die Tür wieder zu. Als wir wieder an der Haustür angelangt waren, setzte ich zur nächsten Runde an. »Da – schon wieder! Jetzt müsst ihr es aber auch gehört haben – es war ganz deutlich, und die Stimme kam eindeutig aus der Küche!« Jetzt war die medizinische Sorge um meinen Geisteszustand nicht mehr zu übersehen. Gedehnt erkundigte sich einer der Kollegen: »Was hat die Stimme denn gerufen?« »Sie hat gerufen: ›Wartet auf mich!‹« Ich hatte die Tür wieder geöffnet und war ein paar Schritte weit in die Küche hineingegangen. Während die Kollegen sich sichtlich darum bemühten, ihre Fassung zu bewahren, war Thomas P. deutlich anzumerken, dass ihm der Fortgang der Dinge nicht geheuer war. Ich wandte mich direkt an ihn: »Sie müssen die Stimme doch auch gehört haben?« »Ich – äh, ich habe nichts gehört!« Seine Augen wanderten unstet von mir zur Tür der Speisekammer und wieder zurück. Nun kam mein Showdown: »Seid still – da ist die Stimme wieder!« Mein Zimmerkollege trat behutsam an meine Seite und sprach beruhigend auf mich ein. »Richard, komm mit nach draußen, die Kollegen sollen sich um die Stimme kümmern. Wir müssen gehen ...«

»Aber ich höre die Stimme ganz genau – sie ruft immer: Nehmt mich mit, bitte, nehmt mich mit! Und jetzt bin ich sicher: Die Stimme kommt geradewegs – aus der Speisekammer!« Thomas P. stand da wie ein geprügelter Hund, als ich die Tür langsam öffnete. Er hatte mein Spiel als Erster durchschaut. Ich zog das große Ölgemälde behutsam aus der Kammer und genoss die verblüfften Blicke der Kollegen, denen nach und nach dämmerte, dass ihr Chef doch nicht übergeschnappt war. Nun wandte ich mich an Thomas P. Er wich meinem Blick aus, während ich mir die Bemerkung nicht verkneifen konnte: »Was für ein Glück, dass ich so gute Ohren habe. Stellen Sie sich vor, wir hätten dieses Bild übersehen: Womöglich wäre Ihre Strafe zu niedrig ausgefallen – und das hätte Ihre Frau dann zu Recht als unangemessen angeprangert!«

Wir konnten dem Mann schließlich auch nachweisen, dass er in einer Vorortvilla einen Bewachungsauftrag ausgenutzt hatte, um die Örtlichkeit auszuspionieren. Aus dem Haus hatte er anschließend zwölf wertvolle Gemälde aus dem 17. und 18. Jahrhundert sowie Schmuck im Gesamtwert von rund hundertfünfundzwanzigtausend Euro entwendet. Gegen Thomas P. wurde Haftbefehl erlassen. Einige Tage später brachte sein Rechtsanwalt im Auftrag seines Mandanten sämtliche gestohlenen Gemälde und den entwendeten Schmuck zurück. Es vergingen übrigens Jahre, bis meine Kollegen nach Durchsuchungen aufhörten, mich zu bitten, doch mal zu lauschen, ob sie etwas übersehen hätten …

Auf verschlungenen Pfaden

Unvorhergesehene Dinge können selbst dem gewieftesten Straftäter zum Verhängnis werden – in diesem Fall waren es Grippeviren, die zur Unzeit eine junge Bankangestellte befielen, die eine steile Karriere vor sich hatte. Die gebürtige Kroatin Marina V. schien aufgrund ihres Migrationshintergrundes und ihrer hervorragenden Kenntnisse und Leistungen in allen Bankangelegenheiten prädestiniert dafür zu sein, ihre Landsleute bei der Geldanlage professionell zu beraten. Die hübsche, junge Bankerin war allseits sehr beliebt und es würde nur eine Frage der Zeit sein, bis man sie in die Chefetage berufen würde. An dem Tag jedoch, als sich Grippeviren in ihr Leben schlichen, nahmen ihre beruflichen Pläne ein jähes Ende.

Es begann damit, dass an einem Frühlingstag ein kroatischer Bankkunde, Filip N., die Filiale in der Nähe des Hauptbahnhofs betrat, um sich nach dem Kontostand seines »strengen Postabholerkontos« zu erkundigen. Dabei handelt es sich um damals gängige Sparkonten meist ausländischer Kunden, die etwa bei unsicheren politischen Entwicklungen in ihren Heimatländern ihr Barvermögen in Deutschland auf diesen speziellen Konten deponieren. Um keine Hinweise auf den Verbleib dieser Gelder zu geben, werden die Banken verpflichtet, unter keinen Umständen von sich aus mit den Kunden in Kontakt zu treten. Oftmals sind die Geldanlagen als Altersvorsorge bestimmt, da es in manchen Ländern keine ausreichenden Rentensysteme gibt. Daher kommt es durchaus vor, dass derartige Konten zehn oder zwanzig Jahre lang bestehen, ohne dass sich der Kontoinhaber auch nur ein einziges Mal nach dem Kontostand erkundigt. Auskünfte werden ausschließlich den Kontoinhabern und in der Regel nur dann erteilt, wenn diese persönlich vorsprechen. Andererseits kann natürlich jeder Bankangestellte, der die Kontonummer eines strengen Postabholerkontos kennt, jederzeit feststellen, wie hoch das Guthaben ist und wann der Kontoinhaber das letzte Mal seinen Kontostand abgefragt hat.

Filip N.s strenges Postabholerkonto betreute seit Jahren seine Landmännin Marina V. Als Filip N. nach vielen Jahren zufällig wieder einmal in München weilte, wollte er die Gelegenheit nutzen, sich nach seinem Kontostand zu erkundigen. An dem Tag seines Besuchs aber war seine persönliche Beraterin Marina V. an Grippe erkrankt, und so fragte eine Kollegin den Stand seines Kontos ab. Dieses wies allerdings keinerlei Guthaben auf. Da einige hunderttausend Euro darauf sein hätten müssen, legte Filip N. Beschwerde ein. Die Banker wiederum wandten sich daraufhin an meine Dienststelle.

Kurz darauf saß ich zwei Herren der Revisionsabteilung gegenüber; wie ich bald feststellen konnte, waren sie mit allen Wassern gewaschen, mit ihrem Geschick und Engagement sollten sie maßgeblich dazu beitragen, den Fall zu klären. Die Beschuldigte war dabei mit so unglaublicher Raffinesse und generalstabsmäßiger Planung zu Werke gegangen, wie ich Vergleichbares bis dato noch nicht erlebt hatte.

Nach der Beschwerde Filip N.s hatten die Revisoren in mühevollster Kleinarbeit alle Postabholerkonten der Filiale überprüft und dabei schier Unglaubliches herausgefunden:

Die fehlende Summe war tatsächlich über jene Filiale zur Auszahlung gelangt, zugleich weitere große Bargeldbeträge von vier weiteren Selbstabholerkonten. Diverse Bankbelege, die sich auf diese Transaktionen bezogen, waren aus den Unterlagen verschwunden. Damit erhärtete sich der Verdacht, dass das schwarze Schaf tatsächlich in dieser Filiale zu suchen war. Bald schon richtete sich der Fokus der Bankrevisoren auf die 26-jährige Marina V., die auch Filip

N.s Konto führte. Erst wenige Monate zuvor hatte sie von dem Geschädigten einen weiteren sechsstelligen Bargeldbetrag erhalten. Bei einer telefonischen Nachfrage – der Anruf war vorher ausdrücklich vereinbart worden – hatte sie Filip N. bestätigt, dass sie das Geld für ihn angelegt habe und die entsprechenden Papiere bei ihrer Bank zur Abholung bereitlägen. Von diesem Einzahlungsvorgang gab es jedoch keinerlei Buchungsnachweise.

Nun wurden alle von Marina V. veranlassten Transaktionen in die Übersicht der Abbuchungen von Selbstabholerkonten mit einbezogen, wobei man herausfand, dass sie im zeitlichen Zusammenhang mit den verdächtigen Abhebungen unter fiktivem Namen kurzfristig sechzehn Girokonten eröffnet hatte. Über diese Konten liefen in der Folge vielfach verschiedene hohe Geldbeträge hin und her. Wenn man die Beträge aller verdächtigen Überweisungen zusammenzählte, ergab sich exakt die Summe, die auf den insgesamt fünf geplünderten Selbstabholerkonten fehlte: nämlich knapp eine halbe Million Euro. Ein Teil der gebuchten Beträge war auf Konten von Familienmitgliedern der Beschuldigten geflossen, ein anderer, größerer Teil war einem weiteren Selbstabholerkonto gutgeschrieben worden. Nachdem die Gelder über die sechzehn fiktiven Konten umgebucht worden waren, löste die Beschuldigte sie knapp sieben Wochen nach deren Eröffnung wieder auf und vernichtete alle Unterlagen. Wäre Marina V. nicht krank gewesen, als Filip N. zufällig in München weilte und die Gelegenheit nutzen wollte, um nach seinem Kontostand zu fragen, hätte man der Beschuldigten die Tat niemals nachweisen können. Sie hätte dem Kunden einfach die Summe genannt, die vor ihrer Tat auf seinem Konto war, und damit hätte er sich vermutlich die nächsten Jahre zufriedengegeben. So hätte es auch keinen Anlass gegeben, die aufgelösten Konten zu überprüfen, und nach ihrer endgültigen Löschung wäre ein Nachweis des Geldflusses und damit der Tatnachweis gegen die Beschuldigte unmöglich geworden.

Zur Verschleierung der veruntreuten Summen hatte Marina V. auch Geld über die Konten ahnungsloser Kunden laufen lassen, wobei sie auf einen schlauen Trick verfallen war: Sie veranlasste, dass die Konten nach den verdächtigen Transfers eine neue Zusatznummer erhielten, sodass auf den von ihr anschließend neu erstellten Kontoauszügen nur die regulären Buchungsvorgänge auftauchten. Auch in einer anderen Hinsicht hatte sich Marina V. abgesichert: Entgegen den Vorgaben der Bank, niemals an Inhaber strenger Selbstabholerkonten heranzutreten, hatte die Beschuldigte bei vorangegangenen Besuchen in ihrer Heimat persönlichen Kontakt zu verschiedenen Kunden aufgenommen und diesen auch privat weiter gepflegt. Dabei bot sie den Kunden an, ihnen gern auch am Telefon Auskunft zu erteilen, um ihnen die beschwerliche Reise nach München zu ersparen. In Wahrheit konnte sie damit ausloten, ob die Kunden in nächster Zeit vorhatten, sich nach ihren Kontoständen zu erkundigen, oder aber ob ihr Zeit blieb, die Konten abzuräumen und die Tat anschließend zu verschleiern. Im November holte die Beschuldigte schließlich zu ihrem größten Coup aus: Sie hatte – angeblich im Auftrag des Kontoinhabers, auf dessen Konto mittlerweile der Großteil der veruntreuten Beträge auf verschlungenen Pfaden gelandet war – über den Kassierer einen Betrag von fast dreihunderttausend Euro bei der Bankzentrale in bar bestellt und diesen am folgenden Tag dem »Kunden«, einem bis dato unbekannten Mittäter, im Beisein des arglosen Kassierers übergeben.

Im Zuge unserer Ermittlungen ergab sich, dass sich im Privatleben der Beschuldigten Erstaunliches getan hatte. Bereits am Tag nach dieser Abhebung war Marina V. mit ihrem Ehemann bei einer anderen Bank vorstellig geworden und hatte die Eröffnung eines Kontos angekündigt, auf das sie den Erlös eines im Ausland verkauften Hauses in bar einzahlen wollten – immerhin ein Betrag von etwa zweihunderfünfzigtausend Euro! Marina V. und ihr Ehemann tauschten ihre bescheidene Sozialwohnung gegen eine schicke Wohnung in vornehmer Lage, die Einrichtung wurde den neuen Einkommensverhältnissen angepasst, von Designerklamotten bis zur edlen Musikanlage fehlte nichts, was man sich mit Geld leisten kann. Natürlich musste der bisherige Wagen einem repräsentativen Pkw zum Preis eines regulären Jahresgehaltes weichen und schließlich gönnte man sich eine luxuriöse Flugreise. Wie sorgfältig die Beschuldigte ihre Tat geplant hatte, zeigte sich auch daran, dass sie von Anfang an gegenüber den Kollegen behauptet hatte, dass ihr Mann sehr vermögend und Spitzenmanager in einem internationalen Konzern sei. Zur Sicherheit hatte sie seinen Namen verfälscht, damit niemand herausfinden konnte, wo er tatsächlich arbeitete. Sie vermied es auch, sich zu eng mit ihren Arbeitskollegen anzufreunden, um private Einladungen zu verhindern. Außerdem hatte sie zum ersten Juli des Jahres gekündigt, um weit weg vom Schuss zu sein, sollte die Tat irgendwann einmal auffallen. Offiziell begründete sie die Kündigung damit, dass ihr Mann als Geschäftsführer der wichtigsten Niederlassung seines Konzerns nach Paris abberufen worden sei. Das Bedauern über die Kündigung war echt, man ließ diese Spitzenkraft nur sehr ungern gehen.

Die größte Gefahr bei ihren Machenschaften sah Marina V. von dem Kassierer ausgehen, einem durch und durch korrekten älteren Herren, der der jungen, attraktiven und quirligen Kollegin mit einer gewissen Skepsis begegnete. Sie musste es irgendwie schaffen, dass er bei den Barauszahlungen, die nach ihrem Plan unbedingt über ihn erfolgen mussten, keinen Verdacht schöpfte. Daher ersann sie folgende Strategie. Immer wenn sie die – gutgläubige – »Unterstützung« des Kassierers bei ihren kriminellen Transaktionen brauchte, zog sie sich besonders aufreizend an und trug ein aufdringliches Parfüm auf, von dem sie wusste, dass es ihn in seiner engen Glasbox verwirren würde. Sie rückte ihm dabei so nahe auf den Leib, dass er sie – nur »um diese aufdringliche Person schnellstmöglich wieder loszuwerden« – gewähren ließ. Und obwohl ihm manches als eher unkonventionell erschien und er sich zur Sicherheit Vermerke über die eine oder andere Auszahlung machte, schöpfte er keinen Verdacht. Seine Hilflosigkeit ihr gegenüber kalkulierte sie fest ein, denn an Tagen, an denen er frei hatte, nahm der Filialleiter die Auszahlung vor. Und ob sich der von ihr so leicht beeinflussen lassen würde, bezweifelte sie doch sehr.

Wenn letztlich alles nach dem Plan der Beschuldigten gegangen wäre, hätte man sie nicht einmal mit der Auszahlung der dreihunderttausend Euro in Verbindung gebracht. Denn sie hatte den Termin geschickt in ihren Urlaub gelegt. Um zu verhindern, dass jemand den Abholer überprüfen würde, war sie in ihrer Freizeit zum Auszahlungstermin erschienen, da sie der langjährige Kunde angeblich darum gebeten hatte. So wurde das Geld im Vertrauen darauf, dass der Abholer der Kollegin ja persönlich bekannt sei, ausgehändigt. Nirgends jedoch gab es einen schriftlichen Hinweis darauf, dass auch die Beschuldigte bei der Übergabe anwesend war. Bei einer späteren Überprüfung würde – so Marina V.s Kalkül – niemand auf die Idee kommen, einen Zusammenhang mit ihr herzustellen.

Nachdem kein Zweifel mehr an der Täterschaft der Beschuldigten bestehen konnte, beantragte die Staatsanwaltschaft einen Haftbefehl gegen Marina V., die mittlerweile – ohne dass die von ihr geschädigte Bank dies wusste – bei einer anderen Bank tätig war, wo man die patente Frau mit dem hervorragenden Zeugnis gern eingestellt hatte. Marina V. leugnete bis zur letzten Minute vor der Gerichtsverhandlung jegliche Schuld, und ihre Anwälte hatten bereits angekündigt, dass sie gegen meine »einseitige und voreingenommene« Ermittlungsführung mit allen rechtlichen Mitteln vorgehen würden, als die Beschuldigte zum Prozessauftakt überraschend ein umfassendes Geständnis ablegte. Das wertete das Gericht strafmildernd und verurteilte die Angeklagte zu drei Jahren und sechs Monaten Freiheitsstrafe.

SchlussgeDanke

Damit, verehrte Leserinnen und Leser, schließe ich meine Schilderungen dieser besonderen »einfachen« Diebstähle, deren Aufklärung dreizehn Jahre lang mein Auftrag gewesen ist. In diesem Zeitraum bearbeiteten die durchschnittlich zehn bis zwölf Kolleginnen und Kollegen meines Kommissariats rund fünfzigtausend Diebstahls- und Unterschlagungsanzeigen. Natürlich konnten nicht alle Fälle geklärt werden, andererseits erforderten viele Fälle keinen besonderen Aufwand bei der Aufklärung. Nicht selten stand der Beschuldigte bereits bei der Anzeigenerstattung fest. Trotzdem musste auch dann jeder einzelne Fall mit der gebotenen Sorgfalt bearbeitet werden.

Die größte Herausforderung bestand jedoch immer wieder darin, gegen organisierte Diebesbanden vorzugehen. Nachdem sich meine Dienststelle im Laufe der Jahre durch eine Vielzahl von erfolgreich abgeschlossenen Arbeitsgruppen und Sokos einen Namen innerhalb unseres Präsidiums gemacht hatte, bekamen wir – ein ungewöhnliches Privileg – eigene feste Sokoräume zugewiesen mit einer entsprechenden technischen Ausstattung. Ich danke an dieser Stelle allen Kollegen meiner damaligen Dienststelle, dem Kommissariat K 411, die mich während dieser Zeit begleitet und in jeder Hinsicht unterstützt haben. Durch ihre Kollegialität und Loyalität haben sie es ermöglicht, all die geschilderten Fälle – und ungezählte weitere – aufzuklären.

Mein Dank gilt in gleicher Weise allen Kollegen und Kolleginnen, die uns bei bestimmten Fällen zugeordnet waren und die mit hohem Engagement jederzeit bereit waren – oftmals auch außerhalb der regulären Arbeitszeiten – mit anzupacken, wenn es galt, Straftätern das Handwerk zu legen. Und wenn man nach tage- oder wochenlangen Ermittlungen schließlich einem Beschuldigten zurufen konnte: »Halt, stehenbleiben! Polizei!«, wusste man, dass sich die Arbeit gelohnt hatte.

Und schließlich danke ich meinen damaligen Vorgesetzten – von denen die meisten mittlerweile bereits im wohlverdienten Ruhestand sind – für das große Vertrauen, das sie meinen mitunter zugegebenermaßen unkonventionellen Ermittlungsmethoden entgegengebracht und für die Freiräume, die sie mir zugestanden haben.

Richard Thiess